AF608482

Carlo Masala

Kenneth N. Waltz

Einführung in seine Theorie und Auseinandersetzung mit seinen Kritikern

2., vollständig überarbeitete und erweiterte Auflage

Mit einem Vorwort von John J. Mearsheimer und einem Nachwort von Kenneth N. Waltz

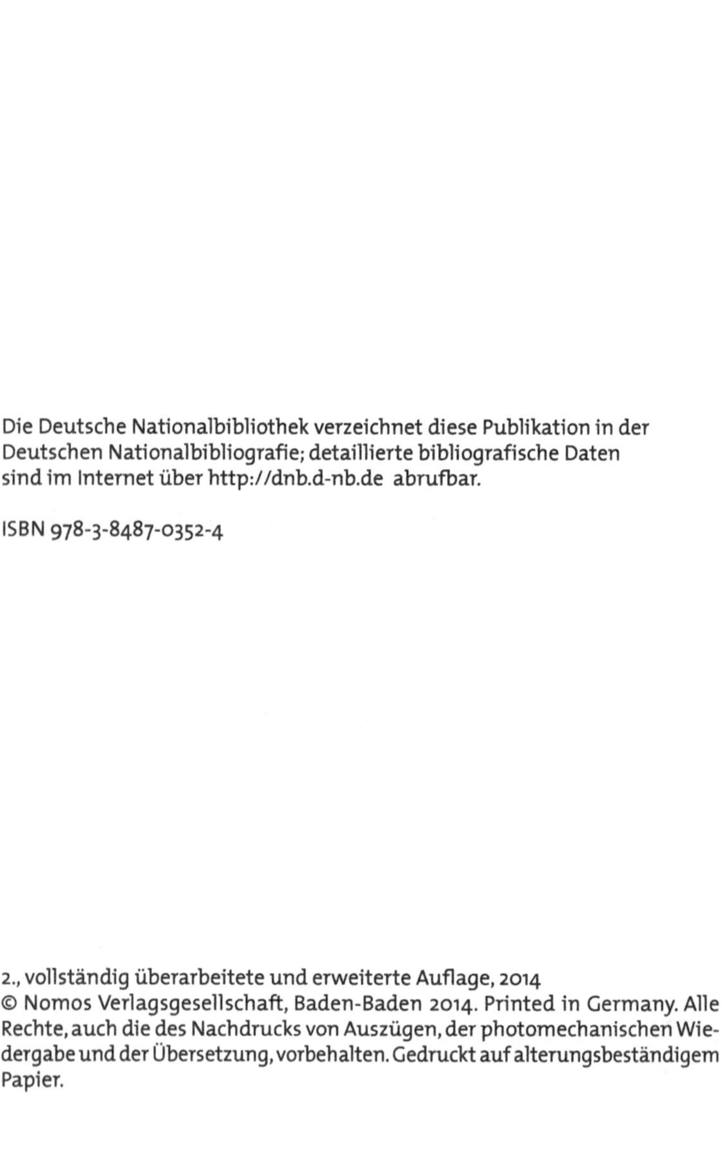

Die Deutsche Nationalbibliothek verzeichnet diese Publikation in der Deutschen Nationalbibliografie; detaillierte bibliografische Daten sind im Internet über http://dnb.d-nb.de abrufbar.

ISBN 978-3-8487-0352-4

2., vollständig überarbeitete und erweiterte Auflage, 2014

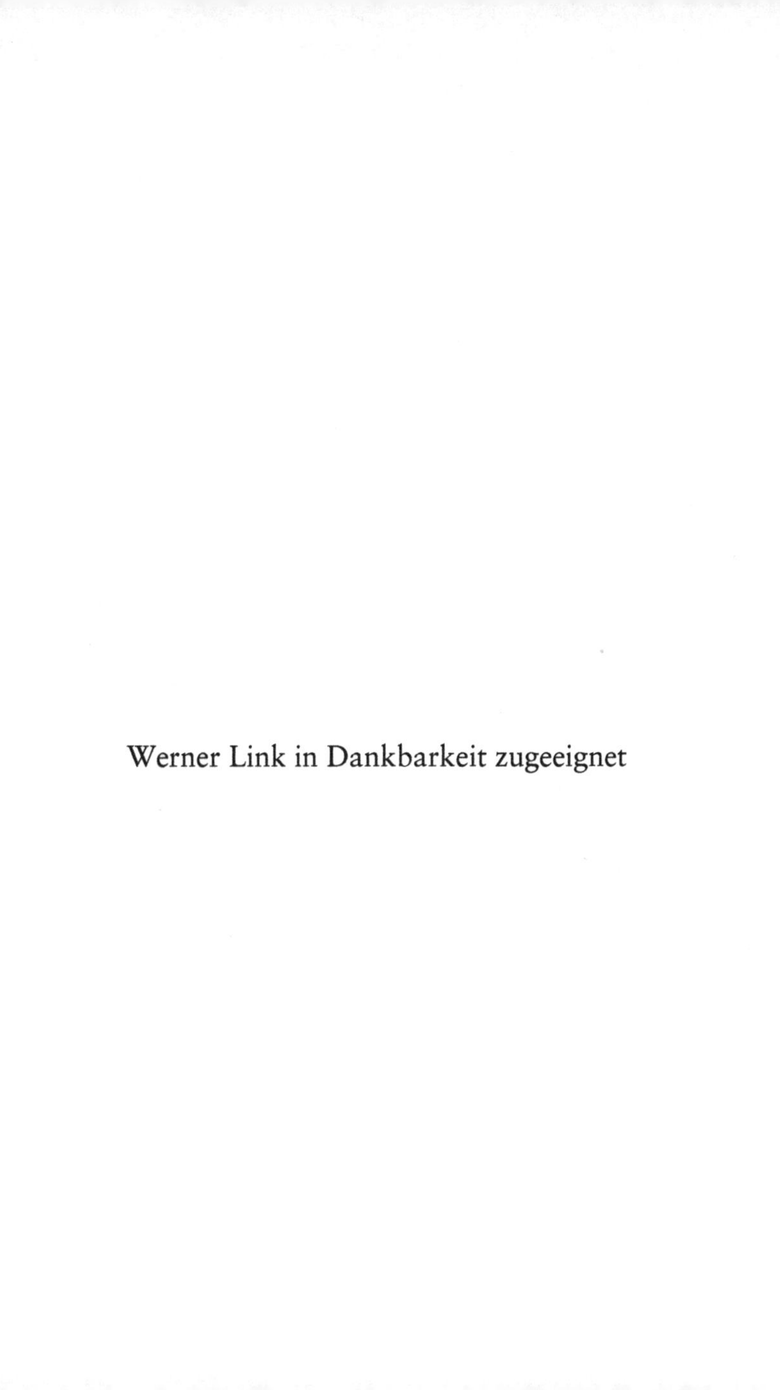

Werner Link in Dankbarkeit zugeeignet

Vorwort zur zweiten Auflage

Als der Nomos Verlag vor ungefähr einem Jahr an mich mit der Bitte herangetreten ist, eine zweite Auflage des vorliegenden Buches zu verfassen, hat mich dies, wie es wohl jedem Autor gehen würde, sehr gefreut. Denn diese zweite Auflage gibt mir die Gelegenheit, einige Überarbeitungen und Erweiterungen vorzunehmen, die neben der bei Zweitauflagen üblichen Vervollständigung mit der neusten Literatur auch die Weiterentwicklung meines Denkens über die Theorie von Kenneth N. Waltz dokumentiert. Im Unterschied zur ersten Auflage enthält das vorliegende Büchlein nun auch Teile meiner eigenen Überlegungen zu der Aktualität und den aus meiner Sicht zukünftigen Herausforderungen für den strukturellen Realismus im 21. Jahrhundert.

Dennoch bleibt der Charakter dieses Buches unverändert. Es soll eine deutschsprachige Einführung in die Komplexität der Theorie des strukturellen Realismus sowie eine Auseinandersetzung mit seinen Kritikern sein.

In der Endphase der Überarbeitung ereilte die IB-community die Nachricht vom Tod Kenneth N. Waltz'. Kurz vor seinem 89. Geburtstag verstarb einer der originellsten Denker der Internationalen Politik am 12. Mai 2013. Dieser traurige Anlass verleiht der vorliegenden Neuauflage eine gewisse Aktualität, auf die der Verfasser gerne verzichtet hätte. In verschiedenen Nachrufen von Schülern und Kollegen ist zu Recht darauf hingewiesen, dass Kenneth N. Waltz, egal wie man zu seiner Theorie des strukturellen Realismus (der Begriff, den er dem des Neorealismus vorzog) steht, wie kein anderer die Disziplin der Internationalen Politik nach dem Ende des Zweiten Weltkrieges geprägt hat.

Ohne die von Waltz entwickelte Theorie sowie der damit verbundenen wissenschaftstheoretischen Standards, die er setzte, gäbe es heute wohl keinen Alexander Wendt oder R. B. J. Walker, und es ließen sich sicherlich noch weitere prominente Namen hinzufügen. Und genau diese Bedeutung, die Kenneth Waltz für die akademische Disziplin der Internationalen Beziehungen hatte und hat, macht ihn zu diesem herausragenden Vertreter unserer Zunft. Dies bedeutet nicht, dass es neben Waltz nicht auch andere wichtige und bedeutende Theoretiker gegeben hat und auch noch gegenwärtig gibt, jedoch hat keiner von ihnen einen solchen nachhaltigen Einfluss auf die intellektuelle Entwicklung der Internationalen Politik gehabt wie Kenneth Waltz. Insofern ist Daniel Nexon zuzustimmen, wenn er davon spricht, dass mit Waltz ein Gigant unserer Disziplin von uns gegangen ist.

In Deutschland konnte der strukturelle Realismus nie richtig Fuß fassen. Außer Werner Link und seinen Schülern, die in ihren Schriften auf die Theorie Waltz‘ Bezug nehmen und diese weiterentwickelten resp. mit anderen Theorien kombinierten, hat meines Wissens kein deutscher Akademiker positiv auf Waltz Bezug genommen. Dies liegt sicherlich daran, dass sich die im Nachkriegsdeutschland neugegründete Politikwissenschaft primär als Demokratiewissenschaft und somit auch normativ verstand. Zwar wurde auch in Deutschland die Disziplin der Internationalen Beziehungen in den 60er und 70er Jahren wissenschaftlich professioneller, aber eher im szientistischen Sinne. Ein weiterer Grund mag auch darin zu suchen sein, dass Theorien, die Macht und nationale Interessen so prominent in den Vordergrund rückten, wie es der strukturelle Realismus (aber auch der klassische Realismus) macht, aufgrund der exzessiven Machtpolitik des Dritten Reiches im Nachkriegsdeutschland verpönt waren und der strukturelle Realismus eines Kenneth Waltz mit amoralischer Machtpolitik und Machtausübung gleichgesetzt wurde.

Aber ebendiese Gleichsetzung von machtpolitischer Theorie und Apologetik realer Machtpolitik kann Kenneth Waltz nicht zum Vorwurf gemacht werden und zeugt von einem fundamentalen Missverständnis des strukturellen Realismus als analytisch-deskriptiver und nicht als normativer Theorie. Waltz, der selber als junger Mann im Koreakrieg gekämpft hatte, erwies sich als ein vehementer Gegner amerikanischer Interventionspolitik im Ost-West-Konflikt, und auch nach dem Ende des macht- und ordnungspolitischen Konfliktes zwischen der USA und der Sowjetunion war Waltz skeptisch, was den

Einsatz militärischer Macht seitens der USA und des Westens anbetraf. Für ihn kämpften die USA zumeist „pointless wars“ gegen schwächere Staaten.

Man muss mit Waltz nicht übereinstimmen, um festzustellen, dass mit ihm einer der letzten großen originellen Denker der Internationalen Politik von uns gegangen ist, ohne dessen Wirken unsere Disziplin heute anders (und wahrlich nicht besser) dastehen würde.

Zum Schluss dieses Vorwortes zur zweiten vollständig überarbeiteten und erweiterten Auflage bleibt mir nur noch jenen zu danken, die mir dabei geholfen haben, diese fertigzustellen. Dem Nomos Verlag, insbesondere Dr. Reichinger dafür, dass er diese Neuauflage ermöglicht und deren Entstehung wohlwollend und geduldig begleitet hat. Meinen wissenschaftlichen Mitarbeitern Sebastian Enskat und Philipp Klüfers sowie meinen studentischen Hilfskräften Frank Adler und Ramona Schneider für inhaltliche Unterstützung bei der Abfassung des Manuskriptes. Frank Sauer gebührt Dank für die vielen Gespräche in den letzten Jahren, insbesondere zu wissenschaftstheoretischen Fragen.

München, den 8. Juli 2013

Vorwort zur ersten Auflage

Dieses Buch ist in seiner ersten Fassung während meiner Tätigkeit als Lehrstuhlvertreter für Internationale Politik am Geschwister-Scholl-Institut der Ludwig-Maximilians-Universität München im Sommersemester 2003 entstanden. Im Wintersemester 2003/04 hatte ich dann die Gelegenheit, die zentralen Erkenntnisse aus meiner Beschäftigung mit dem Neorealismus im Rahmen meines am Forschungsinstitut für Politische Wissenschaft und Europäische Fragen der Universität zu Köln abgehaltenen Hauptseminars zu „Neorealism and Its Critics“ gewissermaßen im Rahmen eines „sozialwissenschaftlichen Experiments“ mit Studierenden zu testen. Die dortigen Debatten halfen mir dabei, meine Argumente zu schärfen, einige Einsichten zu revidieren bzw. andere prononcierter zu formulieren. Für diese intensive Auseinandersetzung sei meinen Studierenden gedankt. Ich hätte dieses Buch jedoch weder schreiben noch fertigstellen können, wenn ich nicht die Hilfe verschiedener Kollegen und Kolleginnen in Anspruch hätte nehmen dürfen. An vorderster Stelle sei meinen Freunden Lars Hewel, Andreas Jacobs, Jens Paulus und Katrin Winter gedankt, die die erste Fassung des Buches gelesen und freundschaftlich kritisiert haben. Von ihren Kommentaren hat die vorliegende Studie erheblich profitiert. Sie ermunterten mich dazu, aus der „Schmollecke“ herauszutreten und das Thema offensiver, aber auch optimistischer anzugehen. Michael Meimeth und Reinhard C. Meier-Walser haben die zweite Fassung des Manuskriptes sorgfältig durchgelesen. Für mich waren die Kommentare und Anmerkungen dieser beiden ausgewiesenen Waltz-Experten enorm hilfreich, um die Endfassung des Manuskriptes fertigzustellen. Dafür sei ihnen gedankt. Wichtige Hinweise und Anregungen habe ich hinsichtlich des Kapitels, das sich mit Hans Morgenthau auseinandersetzt von Christian Hacke erhalten. Dafür schulde ich ihm meinen Dank. Marc Trachtenberg und Stephen van Evera haben mir dankenswerterweise Manuskripte zur Lektüre zur Verfügung gestellt, die mir geholfen haben, die historischen Dimensionen der neorealistischen Theorie besser zu verstehen.

Christopher Daase hat das Manuskript aus einer realismuskritischen Perspektive gelesen, ohne die ideologischen Scheuklappen zu haben, die viele andere Kritiker des Neorealismus in Deutschland nur allzu gerne aufsetzen. Für konstruktive Kritik an Teilen von Kapitel III.3 danke ich auch Ulrich Beck und Edgar Grande sowie den Teilnehmern des Kolloquiums im Rahmen des Sonderforschungsbereiches „Reflexive Modernität" an der TU München.

Das wiederholte Korrekturlesen und Setzen des Manuskriptes haben Martina Deckers sowie Ricarda Nowak in ihrer Freizeit besorgt. Ohne ihre Hilfe hätte ich dieses Buch sicherlich nicht so schnell fertigstellen können. Dafür gilt ihnen mein tiefster Dank. Beide Damen und Pia Eberhardt haben das vorliegende Büchlein auch unter einem studentischen Blickwinkel gelesen und mir zahlreiche Hinweise gegeben, wie das Manuskript „studentenfreundlicher" gestaltet werden kann.

Zuletzt will ich nicht meinen Stolz darüber verbergen, dass sich Kenneth Waltz und John Mearsheimer dazu bereit erklärt haben, ein Vorwort (Mearsheimer) sowie einen Epilog (Waltz) für dieses Buch zu schreiben.

Meine erste Begegnung mit Mearsheimer datiert zurück auf den Juli 1996, als ich, damals Stipendiat am Institut for Social Research der University of Michigan (Ann Arbor) zum Telefon griff, ihn anrief und um ein Gespräch bat. Mehr als meine eigene Courage hat mich seine Reaktion auf meinen „Überfall" überrascht, und drei Tage später saß ich bei ihm im Büro und diskutierte mit ihm einen halben Nachmittag über transatlantische Beziehungen, Neorealismus und Großmächtekonflikte. Dass er sich fast zehn Jahre nach unserer ersten Begegnung bereit erklärt hat, in dieses Buch einzuführen, zeugt von der unprätentiösen Art, die ihm zu eigen ist.

Kenneth Waltz ist dafür zu danken, dass er sofort zugesagt hat, eine kurze Reflexion über die seit nunmehr 25 Jahre andauernde Kritik an seiner Theorie als Epilog beizusteuern.

Dieses Buch sollte von Beginn an mehr sein als nur eine Bestandsaufnahme zum 25-jährigen Erscheinen der „Theory of International Politics". Es war immer geplant als eine Darreichung für meinen akademischen Lehrer, Werner Link. Fast drei Jahrzehnte hat er an den Universitäten Trier und Köln Studierende mit der neorealistischen Theorie von Kenneth Waltz vertraut gemacht und unter seiner Anleitung sind unzählige Magister- und Diplomarbeiten, aber auch Dissertationen und Habilitationen entstanden, die sich mit der Theorie von Waltz auseinandergesetzt haben.

Wie das meiste, was der Autor des vorliegenden Buches in den letzten 10 Jahren verfasst hat, hat er auch dieses Manuskript (ohne zu wissen, dass es als eine Darreichung für ihn geplant war) sorgfältig gelesen und kritisch kommentiert.

Das vorliegende Werk ist ein kleines Dankeschön für die Unterstützung, die er mir in den vergangenen Jahren hat zuteilwerden lassen und für alles, was ich von ihm lernen durfte und auch weiterhin lernen darf.

Inhaltsverzeichnis

John J. Mearsheimer: Zu diesem Buch

Kenneth Waltz is one of the great international relations theorists of the twentieth century. He stands squarely in the Realist tradition, which has deep roots in Germany, and which includes among its members Friedrich Meinecke, Hans Morgenthau, and Werner Link, the distinguished scholar who this book honors.

Few scholars can claim to have written one seminal work. Waltz has written three such works, each of which is still widely read and highly influential. Man, the State, and War (1959), which has sold over 100,000 copies, is famous for introducing the notion that the causes of war can be separated into three distinct categories or levels of analysis: the individual, the state, and the international system. Waltz's 1981 monograph, The Spread of Nuclear Weapons: More May Be Better, lays out the argument that nuclear weapons, contrary to the conventional wisdom, make for a more peaceful world, and thus there is little need to worry about nuclear proliferation.

Waltz's most important work, however, is Theory of International Politics, which was published a quarter of a century ago in 1979. Since then, it has been central to almost every debate among international relations scholars in the United States, and all indications are that it will continue to occupy that exalted position for the foreseeable future. Waltz argues in Theory of International Politics that politics among nations is best understood by focusing on the structure of the international system, not by focusing on individuals or the domestic politics of the great powers. Specifically, he maintains that international anarchy (the absence of a higher authority that sits above states), coupled with the simple desire of every state to survive, leaves states with no choice but to compete with each other for power. In a world where there is no night watchman that can help a state whose survival might be threatened, it makes sense to have more power than your potential rivals. Why? Because when states are strong the likelihood that other states will attack them is small. Of course, all the states in the system understand this basic logic, which pushes them to compete for power. Simply put, a state's position in the balance of power has profound implications for its prospects for its survival.

Although Waltz certainly believes that states should seek more power rather than less, he also maintains that states should not attempt to maximize their power. Too much power is a bad thing. They should definitely not seek hegemony, but should instead seek an "appropriate amount" of power. In essence, there are real limits on the severity of the security competition in Waltz's world, which is why he is sometimes labeled a "defensive" realist as opposed to an "offensive" realist.

States should temper their appetite for power, Waltz argues, because of the prevalence of balancing behavior. He maintains that states not only seek power for themselves, but they go to some lengths to check or balance against states that become especially powerful. Balancing coalitions form against states that pursue hegemony and eventually crush them. Waltz's favorite statesman is Otto Von Bismarck, who built a powerful Germany between 1862 and 1870, but then had the good sense to stop expanding before the other European great powers united against Germany. Bismarck's successors were not so prudent, and Germany suffered the consequences in the two World Wars.

There are a handful of other truly important ideas in Theory of International Politics. For example, Waltz argues that bipolar systems are more peaceful than multipolar systems, and he maintains that economic interdependence makes conflict among the entangled states more rather than less likely. Both of these claims are at odds with well-entrenched conventional wisdoms.

Waltz also introduces the important distinction between "internal" and "external" balancing, as well as the more general distinction between "balancing" and "bandwagoning." He makes the case that great powers hardly ever bandwagon, i.e., join forces with states that are winning wars and gaining power. Instead they balance against those rising powers, because that is the best way to survive under international anarchy. Finally, he makes the controversial argument that cooperation among states is difficult because of their concerns about "relative gains." States find it difficult to cut deals, according to Waltz, because they worry greatly that the other side will gain a bigger share of the pie and shift the balance of power in their favor.

Despite Waltz's pervasive influence, many students of international politics reject his arguments. He was one of a small and lonely band when he first voiced his early opposition to U.S. involvement in Vietnam in 1964. His arguments about the effects of nuclear proliferation have never been popular. His calls during the Cold War for U.S. defense cuts and for American restraints overseas did not win the day. He also spoke out against the recent Iraq war (2003), which was not a popular position in the United States before that conflict started. The Realism that infuses his work remains a minority view among IR scholars. Liberalism is the American credo; Realism is the lesser tendency. Waltz's Realist stance had always had him sailing against prevailing Liberal winds. Yet Waltz never shied from challenging conventional wisdoms and from making arguments that few accepted, at least at first.

Accepted or not, Waltz's ideas have had remarkable staying power. The reason is simple. We still live in world where states face threats from foreign adversaries, and where, the best efforts of the United Nations notwithstanding, there is still no ultimate arbiter that states can turn to in a crisis. Therefore it behooves those who think seriously about world politics be they German or American to grapple with Waltz's ideas and figure out why they agree or disagree with them. Those who ignore his theory do so at their own peril.

John J. Mearsheimer is the R. Wendell Harrison Distinguished Service Professor of political science at the University of Chicago.

I. Einleitung

Ein Buch über den Neorealismus zu schreiben, mutet in der heutigen Zeit wie ein Anachronismus an. Wenn man nicht noch ein weiteres Werk produzieren möchte, welches sich das Ziel setzt, die von Kenneth N. Waltz Ende der 1970er Jahre entwickelte Theorie Internationaler Politik zu kritisieren und sie für methodisch und theoretisch unzulänglich zu erklären, sind damit in Deutschland sicherlich keine akademischen Meriten zu erwerben. Warum also ein solches Buch?

Die Idee zu der vorliegenden Studie entstand aus der eigenen Beschäftigung mit dem Neorealismus und der Kritik an ihm in Forschung und Lehre sowie anlässlich zahlreicher Debatten mit Fachkollegen. Die Auseinandersetzung mit der seit 1979 geäußerten Kritik am Neorealismus offenbarte mir, dass es auch heute noch erhebliche Missverständnisse im Hinblick auf den Realismus als analytischen Ansatz der Internationalen Beziehungen sowie über nahezu alle Aspekte der Waltzschen Theorie gibt. Unzweifelhaft gehört der Neorealismus zum Kanon jeder Einführungsvorlesung zur Internationalen Politik an deutschen Universitäten. Allerdings muss daran gezweifelt werden, dass die neorealistische Theorie in der Bundesrepublik Deutschland ausreichend bekannt ist (Hellmann 1994). Dies verwundert nicht, würden sich doch die wenigsten Hochschullehrer[1] in Deutschland selbst in das akademische Lager (oder zumindest in die Nähe) der Neorealisten einordnen. Im Gegenteil: Die ausführliche Kritik an der neorealistischen Theorie, ihren Unzulänglichkeiten bzw. ihrer Irrelevanz für die Analyse internationaler Politik gehörte lange Zeit zum guten Ton jeder wissenschaftlichen Qualifikationsarbeit. Es gehörte zu den Gepflogenheiten jedes wissenschaftlichen Aufsatzes, jeder Dissertation und Habilitation, sich zunächst vom Neorealismus abzugrenzen, um dann, nicht unbedingt aus dieser Ab-

1 Aus stilistischen Gründen sehe ich von der mittlerweile gebräuchlichen Nennung von Kollegen und Kolleginnen, Wissenschaftlern und Wissenschaftlerinnen usw. ab. Obwohl ich durchgängig die maskuline Form benutze, meine ich damit immer beide Geschlechter.

lehnung heraus, sondern oftmals ohne Anknüpfung, eigene theoretische Annahmen und Konstrukte zu entwicklen. Dass bei solch mantraartig vorgetragener Kritik selbstreferenzielle Systeme entstehen, die einmal geäußerte Kritiken unreflektiert übernehmen und reproduzieren, bleibt nicht aus. Deshalb offenbaren die lange Zeit in jeder wissenschaftlichen Einleitung fast obligatorisch gewordenen Waltz-Kritiken fast immer fundamentale Missverständnisse oder bare Ignoranz hinsichtlich des Anspruches und der Reichweite der neorealistischen Theorie. Der Eindruck drängt sich auf, dass sich kaum noch jemand der Mühe unterzieht, das zentrale Werk des Neorealismus, die „Theory of International Politics“, wirklich zu lesen, geschweige denn, sich mit der darin entwickelten Theorie ernsthaft auseinanderzusetzen. Auch die gängigen deutschsprachigen Einführungen zur Internationalen Politik, deren selbstgesteckter Anspruch es ist (und auch sein sollte), einen ersten umfassenden Einblick in die verschiedenen Theorierichtungen Internationaler Politik zu geben, zeichnen sich, wenn es darum geht, die neorealistische Theorie in ihren Grundzügen darzustellen, durch gravierende Mängel aus. Nur wenige Autoren scheinen überhaupt zu wissen (oder wissen zu wollen), welchen Anspruch Kenneth Waltz mit seiner „Theory of International Politics“ erhebt (Masala 2003; Masala/Roloff 1998; Schörnig 2003 sowie zur generellen Lehrbuchkritik Schieder/Spindler 2003). Dass die hier skizzierte Unkenntnis und Ablehnung hinsichtlich der neorealistischen Theorie nicht nur ein deutsches Phänomen ist, soll durch folgende Zitate angedeutet werden. „Es war ein Ritual jedes Harvard-Seminars in Internationalen Beziehungen, an dem ich teilgenommen habe“, zitiert John Mearsheimer Fareed Zakaria, „dass der Vortragende zunächst einige Zeit darauf verwendet hat, Waltz’ Werk zu verreißen“ (Zakaria zitiert bei Mearsheimer 2002a: 62). Oftmals lernen Studierende eine „cursory and highly stylized version of realism“ (Guilhot 2011: 5), die durch ihre kursorische und oberflächliche Darlegung dazu dienen soll, den Neorealismus als ernstzunehmende Theorie zu diskreditieren. Und mit Blick auf die akademische Beschäftigung mit dem Neorealismus wurde dazu aufgerufen, dass dieser „should not continue to command the intellectual energy and resources of the field“ (Vasquez 2003: 90).

„Neorealismus-Bashing ist in!“, so könnte man diesen transatlantischen Trend beschreiben.[2]

Eine solche Entwicklung wird auch von Fachvertretern mit Sorge beobachtet, die nicht im Verdacht stehen, dem Neorealismus allzu viel Positives abzugewinnen. So beklagt K. J. Holsti (2002: 105), dass wir in einer akademischen Zeit leben, „where it seems to be de rigueur to begin theoretical discourse by listening the sins and omissions of realism, and when many theorists have not even bothered to read the main texts carefully (and in some cases not read them at all).“

Die harsche Kritik am Neorealismus erstaunt, haben sich doch neorealistisch arbeitende Wissenschaftler nach dem Ende des Ost-West-Konflikts mit einer erstaunlichen Präzision in ihren Vorhersagen den Themengebieten zugewendet, die die internationale Politik des 21. Jahrhunderts bestimmen. So hat John Mearsheimer in seinem Aufsatz „Back to the Future“ (1990) auf der Grundlage neorealistischer Annahmen bereits Anfang der 90er Jahre das Aufbrechen ethnischer Konflikte in Mittel- und Osteuropa vorhergesagt, und diverse Beiträge von Neorealisten in den Zeitschriften „International Security“ und „Security Studies“ haben sich seit Mitte der 90er Jahre Gedanken über neue sicherheitspolitische Herausforderungen (u.a. Terrorismus) gemacht. Dies alles geschah zu einer Zeit, als sich die Mehrzahl der Fachvertreter der Internationalen Politik über die Bedeutung von Sprechakten in internationalen Verhandlungen, deliberatives Regieren in internationalen Organisationen bzw. die weltweite Durchsetzung von Normen und Werten stritt und die Hoffnung hegte, dass mit dem Ende des Ost-West-Konflikts (Link 1988a) das Zeitalter des ewigen Friedens anbrechen würde.

Auch die im Zuge des Irak-Krieges im Frühjahr 2003 von vielen Kollegen mit Erstaunen registrierte Dominanz der USA im internationalen System und die damit verbundenen Herausforderungen und Probleme für die internationale Politik sind von Neorealisten bereits seit den frühen 1990er Jahren zum zentralen Thema ihrer Debatten gemacht worden. Und es waren und sind Neorealisten, die sich seit Be-

2 Vgl. Zakaria (1992-1993).

ginn des neuen Jahrtausend an führender Stelle an der Debatte um die Konsequenzen eines chinesischen Aufstieges im internationalen System beteiligten und auf die machtpolitischen Konsequenzen dieses Aufstieges für die Stabilität des Systems und insbesondere für die amerikanische Außenpolitik hinweisen.[3] Es ließen sich noch unzählige weitere Beispiele anführen, die verdeutlichen, dass Autoren, die ihre Analysen auf der Theorie von Kenneth Waltz aufbauen oder an diese anknüpfen, in den vergangenen Jahren Entwicklungen in der internationalen Politik nicht nur überzeugender erklären konnten, sondern auch in der Lage waren, sie zu prognostizieren.[4]

Die bei großen Teilen der Fachwelt vorherrschende Unkenntnis im Zusammenhang mit der neorealistischen Theorie war und ist auch heute – im Angesicht der zweiten Auflage – eine *der* Hauptantriebskräfte, das vorliegende Einführungsbuch abzufassen. Zwei Ziele werden dabei verfolgt: Zum einen soll eine Einführung in die von Kenneth Waltz entwickelte Theorie des Neorealismus gegeben werden. Anders als die meisten Einführungen in die Theorie Internationaler Politik konzentriert sich diese Darstellung jedoch nicht ausschließlich auf die „Theory of International Politics", deren Erscheinen sich nächstes Jahr zum 30. Mal jährt, sondern es wird versucht, die Entwicklung der neorealistischen Theorie von ihren ersten Ansätzen, die sich in der 1959 publizierten Studie „Man, the State and War" bereits abzeichnen, bis hin zu den jüngsten Veröffentlichungen des mittlerweile verstorbenen Professors für Politikwissenschaft nachzuzeichnen. Dass die „Theory of International Politics" bei dieser Rekonstruktion des Denkens von Kenneth Waltz dennoch einen zentralen Platz einnimmt, versteht sich von selbst; gilt dieses Buch doch seit seinem Erscheinen als das zentrale Werk der neorealistischen Theorie.

Der erste Teil dieses Büchleins (Abschnitt II: Einführung in den Neorealismus) richtet sich somit zuvorderst an Studierende der Internationalen Politik, die mehr über den Neorealismus erfahren möchten

3 Als Auswahl sei verwiesen auf: Yee and Storey (2002); Sutter (2005); Roy (2003); Art (2012); Mearsheimer (2010); Kurlantzick (2007); Beckley (2012).

4 Die Frage nach der Zukunft der NATO gehört z.B. zu diesen Themengebieten.

oder eine deutschsprachige Darstellung des Neorealismus lesen wollen, die aus der Feder eines Autors stammt, der sich mit seinen eigenen Arbeiten in dieser Tradition des Denkens über internationale Politik verortet.[5] In diesem Sinne handelt es sich streckenweise um ein „klassisches“ Einführungsbuch, nicht in die Theorien Internationaler Politik, sondern in *eine* Theorie Internationaler Politik. Da – wie bereits angedeutet – mein Eindruck der ist, dass die Theorie von Kenneth Waltz im deutschsprachigen Raum nicht hinreichend bzw. nur verkürzt und verfälscht bekannt ist,[6] erinnert der erste Teil dieses Buches streckenweise an eine talmudische Textexegese. Um die Exaktheit der Darstellung zu gewährleisten, wurde dieser Nachteil bewusst in Kauf genommen. Mein Anspruch ist es – in Anlehnung an die Arbeiten von Leo Strauss –, den Autor und sein Werk so zu verstehen, wie es der Autor selbst verstanden wissen wollte.[7] Aus diesem Anspruch folgt zwingend, dass meine eigene Interpretation der Arbeiten von Kenneth Waltz in diesem Abschnitt des Buches in den Hintergrund rückt.

Um die Entwicklung der neorealistischen Theorie jedoch nachvollziehen zu können, ist die Kenntnis des klassischen Realismus, wie er von Hans Morgenthau und Reinhold Niebuhr (um nur zwei der bekanntesten Realisten zu nennen) entwickelt wurde, zwingend erforderlich. Denn Waltz entwickelte seine Theorie in Anknüpfung an und in kritischer Distanz zum klassischen Realismus der 40er und 50er Jahre des letzten Jahrhunderts. Sie entstand somit nicht auf einer Tabula rasa, sondern hat konkrete Vorläufer, die der Leser

5 Meines Wissens gibt es bis heute nur vier deutschsprachige, dem Neorealismus verbundene Autoren, die sich dieser Aufgabe gestellt haben: Link (1988a); Meimeth (1992), Schörnig (2003) sowie Siedschlag (1997; 2001). Allerdings haben alle vier nicht die Intention verfolgt, eine Einführung in den Neorealismus und eine Auseinandersetzung mit seinen Kritikern zu schreiben. Über die vier erwähnten Autoren hinaus gibt es noch einige andere Kollegen, die sich der Mühe unterzogen haben, die Theorie von Kenneth Waltz darzustellen. Allerdings lässt sich bei diesen zumeist konstatieren, dass sie nur allzu gern und allzu schnell geneigt sind, der Kritik am Neorealismus zuzustimmen (vgl Griffiths (2002)). Mouritzen (1997) fokussiert seine Darstellung der Theorie auf die erkenntnistheoretischen Grundlagen. Insofern handelt es sich bei diesem Aufsatz nicht um eine Einführung in die Theorie des Neorealismus, wie es bei den anderen in dieser Fußnote aufgeführten Aufsätzen der Fall ist.

6 Dieses Diktum gilt meiner Ansicht nach auch für den angelsächsischen Raum.

7 Vgl. Jenny Strauss Clay: The Real Leo Strauss, in: New York Times vom 13. Juni 2003.

kennen muss, um die Entwicklung des Neorealismus nachzuvollziehen. Bevor somit im nächsten Kapitel auf den Neorealismus von Kenneth Waltz eingegangen wird, bedarf es vorab eines Exkurses zum Realismus (wobei der Schwerpunkt auf dem Denken von Morgenthau liegt).

Der zweite Teil des Buches (Abschnitt III: Kritik am Neorealismus) verfolgt ein anderes, aus meiner Sicht nicht weniger wichtiges und notwendiges Anliegen und richtet sich an Studierende sowie an die Fachkollegen. Im Zentrum dieses Teils steht die Auseinandersetzung mit den Kritikern von Waltz. Bis heute stellt die „Theory of International Politics" den wichtigsten, zumeist negativen Bezugspunkt für alle neueren Ansätze in der Disziplin der Internationalen Politik dar. Die Tatsache, dass – fast 30 Jahre nach dem Erscheinen des Buches – der Neorealismus à la Kenneth Waltz noch immer den zentralen Referenzpunkt in vielen Debatten der Theorie der Internationalen Politik darstellt, lässt den Schluss zu, dass es sich bei „Theory of International Politics" um das wohl einflussreichste Buch der akademischen Disziplin der Internationalen Politik der letzten drei Dekaden handelt. Dieser subjektive Eindruck wird auch durch eine Recherche im Social Science Citation Index gestützt.[8]

Einflussreich war und ist der Neorealismus nicht in dem Sinne, dass die neorealistische Erklärung internationaler Politik einen Einfluss auf die Konzeption irgendeiner staatlichen Außenpolitik gehabt hätte (was auch nicht das Ziel von Kenneth Waltz gewesen ist). Im Gegenteil: Sowohl der Begründer des „klassischen Realismus", Hans Morgenthau, als auch Kenneth Waltz sind nie über das Verfassen von Gutachten (einschließlich ihrer mündlichen Präsentation bei *Hearings* des Kongresses) hinausgekommen.[9] Andere Theorien oder Theoreme, etwa der „demokratische Frieden", waren in dieser Hinsicht wesentlich einflussreicher und haben Politiker (wie z.B. die

8 Eine einfache Zitationsrecherche für Kenneth Waltz, Robert Keohane, Alexander Wendt, Friedrich Kratochwil, Joseph Nye, Stephen Walt und John Mearsheimer im SSCI ergab, dass Waltz, hinter Wendt, für den Zeitraum von 1990-2012 den zweiten Platz belegt.

9 Reinhard Meier-Walser danke ich für diesen Hinweis.

Clinton- oder die Bush Jr.-Administration) stärker beeinflusst, als dies der Neorealismus jemals vermochte.

Auch war der Neorealismus nie das vorherrschende Paradigma (Kuhn 1991; Vasquez 1999) in der akademischen Disziplin der Internationalen Politik an nordamerikanischen oder europäischen, geschweige denn an deutschen Universitäten. Er gehörte nie zum „Mainstream" des Denkens über Internationale Beziehungen, wie dies etwa Mathias Albert behauptet hat (1996: 61), oder war gar die „dominant school of thought" (Buzan/Jones/Little 1993:1; Mearsheimer 2002a: 57).

Wenn hier dennoch vom Einfluss des Neorealismus auf die akademische Disziplin der Internationalen Politik die Rede ist, dann bezieht sich dies auf den einfachen Sachverhalt, dass die „Theory of International Politics" auch heute noch *der* Referenzpunkt ist, von dem aus viele wissenschaftliche Arbeiten beginnen (doch wie bereits angedeutet, heute zumeist, um sich davon abzusetzen). Dies erscheint paradox. Wenn der Neorealismus so wenig erklären kann (wie ihm seine Kritiker seit nunmehr 30 Jahren vorwerfen), warum ist es dann für viele Fachvertreter so wichtig, zunächst seine vermeintliche „Unwissenschaftlichkeit" (stellvertretend Dessler 1992) oder seine mangelnde Erklärungskraft (stellvertretend Kratochwil 1992) nachzuweisen?[10] Liegt der Grund für das oftmals reflexartig anmutende Zurückweisen des Neorealismus neben dem Faktum, dass dies für eine akademische Karriere förderlich zu sein scheint, nicht vielleicht auch darin, dass die Kritiker des Neorealismus eine persönliche Aversion gegen Macht und Machtpolitik hegen, mit der sie den Neorealismus, der angeblich dem Primat roher Macht vor dem Gesetz einen „quasiontologischen Status" verleiht (Habermas, zitiert in Bell 2011: 2), identifizieren? Indizien für eine solche Interpretation gibt es. Wenn Fred Halliday z.B. schreibt, dass Realismus wie auch Neorealismus

10 In dieser Hinsicht erweisen sich Walter Carlsnaes, Thomas Risse und Beth A. Simmons (2013) als äußerst konsequent, da in ihrem Handbuch kein einziger Artikel dem Realismus oder dem Neorealismus gewidmet ist und kein einziger Autor auch nur im entferntesten als Realist/Neorealist bezeichnet werden könnte. Für die drei Herausgeber scheint der Neorealismus endgültig ad acta gelegt zu sein. Als Überblick über diverse Kritiken am Neorealismus gut geeignet: Kegley Jr. (1995: 1-6).

in vielen Fragen Nachfolger des „militaristischen und rassistischen Sozialdarwinismus" seien (1994: 11)[11] und Bahman Fozouni die Disziplin dazu auffordert, zu erklären, warum sie sich 40 Jahre lang von einer falschen Theorie hat „hypnotisieren" lassen (1995: 508), dann überschreitet solche Kritik bei Weitem den guten Ton, der zwischen Wissenschaftlern in einer akademischen Auseinandersetzung herrschen sollte.[12] Trotzdem geschieht dies immer wieder, wenn es darum geht, den Neorealismus als wissenschaftliche Theorie zu diskreditieren.

Im zweiten Teil des vorliegenden Buches soll also die Auseinandersetzung mit den vielfältigen gegenüber dem Neorealismus vorgebrachten Kritikpunkten erfolgen. Dabei würde es den zulässigen Umfang eines Einführungsbuches bei Weitem überschreiten, wenn alle Kritiker des Neorealismus der letzten 30 Jahre ausführlich zu Wort kommen würden. Daher werde ich mich, gewissermaßen stellvertretend, auf führende Vertreter verschiedener Theorierichtungen und ihre Kritik am Neorealismus konzentrieren. Die Frage, die bei der Darstellung der Kritiken erkenntnisleitend ist, ist die nach der Angemessenheit der Kritik. Wird der Neorealismus innerhalb seines eigenen Theoriekonstrukts kritisiert, d.h. werden aus der neorealistischen Theorie Konsequenzen abgeleitet, die gegen sie sprechen, die in dem ihr zugrunde liegenden Sinn unakzeptabel erscheinen (Radnitzky 1992: 402) oder wird die Theorie nicht aus sich selbst heraus kritisiert, sondern wegen ihrer mangelnden Reichweite bzw. der Vernachlässigung oder gar der Ignorierung von bestimmten Faktoren, die die Kritiker des Neorealismus für die Analyse internationaler Politik als zentral erachten, d.h. wird sie nicht theorieimmanent, sondern extern kritisiert? Wenn Letzteres der Fall sein sollte, welche Schlüsse muss man dann für die Auseinandersetzung zwischen dem Neorealismus und seinen Kritikern hinsichtlich der Relevanz der von ihnen vorgebrachten Kritik ziehen? Basiert diese dann auf Unkenntnis der Theo-

11 Die vermeintlich darwinistischen Grundlagen des Realismus/Neorealismus sind auch von Sterling-Folker (2002) thematisiert worden, allerdings als mögliche vermittelnde Position in der Auseinandersetzung zwischen Realisten/Neorealisten und Konstruktivisten.

12 Weitere Beispiele finden sich bei Mearsheimer (2002a: 62-63).

rie, einem „anderen“ Verständnis von dem, was Theorie, Theoriebildung und Theoriekritik ausmacht oder dient die Kritik nur dazu, einen Ausgangspunkt für eine eigene Theorieentwicklung zu haben, die als Alternative oder Komplement zur neorealistischen Theorie dienen soll?

Um diesen Fragen nachzugehen, wird von der gängigen Darstellung der Kritik am Neorealismus in anderen Einführungen, die sich an der Kritik konkurrierender theoretischer Schulen orientiert, abgewichen, zugunsten einer Darstellung und Analyse der Neorealismuskritik, die sich an zentralen Begriffen und theoretischen Annahmen von Kenneth Waltz orientiert.[13] Nicht die Kritikpunkte des neoliberalen Institutionalismus, des Konstruktivismus, der kritischen Theorie und weiterer Denkschulen werden dargestellt, sondern die Kritik an der Strukturkonzeption, dem Anarchiebegriff, der Annahme des Staates als einheitlichem Akteur in der internationalen Politik usw. wird skizziert und auf ihre Relevanz hin diskutiert und analysiert werden. Die Vorteile eines solchen Vorgehens liegen auf der Hand: Oftmals haben die verschiedenen konkurrierenden Theorien bzw. Theoreme ähnliche, wenn nicht gar gleiche Kritikpunkte, und es würde den Leser langweilen, wenn diese Kritikpunkte beständig wiederholt werden würden. Somit erscheint es für den Aufbau des zweiten Kapitels und für die Stringenz der dort entfalteten Argumentation (sowie für die Lesbarkeit) sinnvoller, Kritiker verschiedener anderer Ansätze zu denselben Punkten zu Wort kommen zu lassen, anstatt die gleiche Kritik an verschiedenen Stellen zu wiederholen.[14]

In zwei abschließenden Unterkapiteln – die im Vergleich zur ersten Auflage neu eingefügt wurden – werde ich schließlich auch meine ei-

13 Diese Vorgehensweise lehnt sich an die Arbeit von Düsberg (1992) an.

14 Der Nachteil einer solchen Vorgehensweise soll jedoch ebenfalls nicht verschwiegen werden. Die Kritiker von Waltz werden, was ihre eigenen Ansätze anbelangt, nur sehr holzschnittartig skizziert werden. Es geht mir aber nicht darum, die alternativen Theorien und Theoreme darzustellen und auf ihre innere Logik hin zu untersuchen, sondern um die Analyse der Kritik, die diese Autoren an Waltz üben, wobei die Frage im Vordergrund steht, ob diese Kritik stichhaltig ist oder lediglich auf Missverständnissen bzw. divergierenden Vorstellungen über Fragen der Theoriebildung beruht. Insofern ist der Vorwurf, ich würde die Kritiker von Waltz genauso rudimentär abhandeln, wie diese Waltz lesen, nicht legitim, da es mir nur um die Kritik dieser Autoren an Waltz geht.

gene Kritik an der Waltzschen Theorie darlegen und Überlegungen zu a) weißen Flecken in der neorealistischen Theorie und b) ihrer Zukunft präsentieren. Insbesondere werde ich darauf aufmerksam machen, dass die Zukunft neorealistischer Theoriebildung m.E. darin liegt, (1) davon Abstand zu nehmen, den Neorealismus (unter Einbeziehung des klassischen Realismus) als ein einheitliches Paradigma zu behandeln, (2) das kritische (d.h. normative) Potential des Neorealismus stärker zu nutzen, da dadurch die Möglichkeit besteht, in einen Dialog mit anderen theoretischen Strömungen in den Internationalen Beziehungen zu treten sowie (3) die Rolle und Stellung (neo-)realistischer Theoreme in den Internationalen Beziehungen zu überdenken.

Nach jedem Unterkapitel des ersten und zweiten Teils dieses Buches werden Kontrollfragen formuliert, die eine eigenständige Vertiefung der Thematik ermöglichen sollen.

Im abschließenden Fazit werden die zentralen Ergebnisse des vorliegenden Buches zusammengefasst.

II. Einführung in den Neorealismus

In der Einleitung wurde bereits erwähnt, dass der Neorealismus in Anknüpfung und kritischer Distanz zum klassischen Realismus der 1940er und 50er Jahre entstanden ist. Aus diesem Grunde kann eine Einführung in den Neorealismus, sei sie wie das vorliegende Buch nur auf Kenneth Waltz konzentriert, oder sei sie als eine Einführung in die Schriften neorealistisch arbeitender Autoren geplant, ohne eine kurze Darstellung des Realismus nicht auskommen. Die Kenntnis der grundlegenden realistischen Annahmen ist notwendig, damit die Abgrenzungen vom und Weiterentwicklungen des Realismus, die von Kenneth Waltz in den 1970er Jahren vorgenommen wurden, deutlich werden.

1. Der Realismus

Der Realismus entstand in der ersten Hälfte des 20. Jahrhunderts als Gegenbewegung zu der prominenten Stellung des Kantschen Liberalismus in Politik und Wissenschaft sowie zu dem aufkommenden Marxismus und Wilsonismus in seiner idealistischen Prägung. Der politische Realismus, der keine einheitliche Theorie darstellt, ist mit einer ganzen Reihe von Namen wie Reinhold Niebuhr, Edward H. Carr, Herbert Butterfield, Robert E. Osgood, Arnold Wolfers, George Kennan und Henry Kissinger verbunden. Sein wohl prominentester Vertreter war jedoch Hans J. Morgenthau[1], der einst von Reinhold Niebuhr als „the most brilliant and authoritative political realist“ (Niebuhr zitiert bei Thompson 1960: 32-33) bezeichnet wurde. Noch in den 70er Jahren des letzten Jahrhunderts zählte sein Hauptwerk „Politics among Nations“ zu den am häufigsten zitierten (und kritisierten) Texten in der Theorie der Internationalen Politik. Er war der wohl akademisch „einflussreichste Realist des zwanzigsten Jahrhunderts“ (Pangel/Ahrensdorf 1999: 218, Fukujama: 1992: 246, Smith 1986: 2). Die prominente Stellung Morgenthaus erklärt,

1 Zur Biografie Morgenthaus vgl. Frei (1993) und Rohde (2004).

weswegen sich dieses Kapitel auf eine Darstellung seines Denkens konzentriert.

Morgenthau entwickelte seinen Realismus als Gegenkonzeption zum Idealismus oder wie er es nannte „Utopismus“, „Sentimentalismus“, „Perfektionismus“ bzw. „Moralismus“, der die internationale Politik und die akademische Disziplin gleichen Namens zu Beginn des 20. Jahrhunderts dominierte. Sein Buch „Scientific Man vs. Power Politics“ (1946), das die Grundlagen für den Realismus legt, ist eine „umfassende Polemik“ (Michael Smith 1986: 134) gegen das, was Morgenthau als dogmatischen Szientismus[2] bezeichnete, der seiner Auffassung nach eine falsche Philosophie auf der Grundlage des modernen Rationalismus sowie des Liberalismus sei. Allen Spielarten des Liberalismus ist nach Morgenthau die optimistische Annahme gemein, dass durch Erziehung, „Moral, Gesetze“ (Lebow 2003: 238) und staatliche Reformen Krieg als Mittel der Politik zwischen Staaten verbannt werden kann und an seine Stelle ein permanenter und gerechter Frieden zwischen die Nationen trete. Uneinigkeit besteht lediglich hinsichtlich der Frage nach den konkreten Voraussetzungen zur Erlangung dieses Zustandes. Während der Liberalismus Wilsonscher Prägung, in Rekurs auf Kant[3], in der Ausbreitung demokratischer oder republikanischer Regierungen die Voraussetzung zur Schaffung eines globalen Friedens sah, war die Ausbreitung sozialistischer/kommunistischer Staatsformen für die Vertreter und Propagandisten des Marxismus die Voraussetzung für den „ewigen Frieden“ zwischen den Staaten.

Obgleich Morgenthau seinen Realismus als Gegenstück zum Idealismus konzipierte, teilte er mit dem Idealismus dennoch das zentrale Erkenntnisinteresse: Wie kann Krieg zwischen Staaten verhindert werden, zumal im Zeitalter der Existenz von Nuklearwaffen Krieg „no longer, as it once was, a rational instrument of foreign policy“, sondern „an instrument of universal destruction“ geworden sei. Die

2 Unter „dogmatischem Szientismus“ versteht Morgenthau die Methode abstrakter Spekulationen über politische Themen, die einhergeht mit der Schaffung von Idealen, „und fast unbewusst wird angenommen, dass dieser ideale Zustand bereits besteht, und damit zur Grundlage haltloser Spekulationen gemacht wird“ (Morgenthau 1963: 62).

3 Vgl. Sorensen (1992); Czempiel (1996).

Bewahrung des Friedens zwischen Staaten sei angesichts der Perspektive der totalen Vernichtung „the prime concern of all nations“ und stellt auch die Ausgangsfrage für Morgenthaus Überlegungen dar. Pangel und Ahrensdorf machen in ihrer Teilstudie über Morgenthau zu Recht darauf aufmerksam, dass Morgenthau sein Hauptwerk mit dem Untertitel „The Struggle for Power and Peace“ versehen hat (1999: 219) und somit eine an Kant angelehnte Fragestellung zum Ausgangspunkt seiner eigenen Analysen macht. Obwohl er somit das Hauptanliegen des Idealismus teilt, grenzt sich Morgenthau scharf von diesem ab, da er in ihm – wenn er politisch wirksam wird – die Gefahr sieht, die Welt erst recht in einen totalen Krieg und in die totale Vernichtung zu führen. Denn die sowohl dem Liberalismus als auch dem Marxismus zugrunde liegende Annahme ist die der universellen Geltung moralischer Prinzipien. Diese Hoffnung sei jedoch falsch, argumentiert Morgenthau:

> „We judge and act as though we were at the center of the universe, as though what we see everybody must see, and as though what we want is legitimate in the eyes of justice“ (Morgenthau 1970: 64-65).

Moralische Grundsätze sind für Morgenthau nicht universell, sondern in der Kultur von einzelnen Nationen begründet. Der Anspruch universeller Gültigkeit von partikularen Norm- und Moralvorstellungen ist somit für Morgenthau „nationalistischer Universalismus“[4], denn er versucht, partikulare Prinzipien anderen Staaten aufzudrängen. Der Versuch, partikularen Werten universelle Gültigkeit zu verschaffen, würde somit – aus Morgenthaus Sicht – zu einem Kreuzzug führen, bei dem Krieg als ein Mittel zur Universalisierung partikularer Werte unumgänglich sei, sollten sich Staaten der Übernahme bzw. Internalisierung dieser Werte verweigern (Masala 2005). Für Idealisten und Marxisten ist Krieg ein Mittel zur Schaffung eines Weltsystems. Kriege, die zur Durchsetzung moralischer Standards geführt werden, sind für Morgenthau totale Kriege, weil sie für totale

4 Masala (2005); Neacsu (2010).

und nicht verhandelbare Ziele geführt werden.[5] Die idealistische Kreuzzugmentalität kann im Nuklearzeitalter jedoch zur Zerstörung der gesamten Menschheit und aller Zivilisationen führen.

Angesichts dieser Perspektive fordert Morgenthau die Abkehr vom blinden und aus seiner Sicht gefährlichen Idealismus. Der Kreuzzugmentalität von Liberalen und Marxisten setzt Morgenthau den Anspruch entgegen, eine politische Philosophie zu verfassen, die die grundlegenden Antriebskräfte der Politik offenlegt und Staatsmännern dabei hilft, ihre politischen Entscheidungen zu treffen. Aus dieser Perspektive lässt sich der Realismus von Morgenthau treffend als „Gegenbewegung zu einer politischen Daseinsinterpretation" charakterisieren,

> „welche die Geschichte als fortschreitenden Prozess eines erlösungsbringenden Vorganges begriff. Eines Prozesses, in dessen Verlauf sich der Mensch unweigerlich auf dem Weg aus einer Befreiung aus seinen eigenen Beschränkungen befände" (Jacobs 2010: 41).

Aus der Sicht Morgenthaus liegt den liberalen und marxistischen Hoffnungen ein falsches, weil illusionäres Menschenbild zugrunde, das die Ursache für die fundamentalen Fehler aller idealistischen Konzeptionen darstellt. Ein realistisches Menschenbild ist für Morgenthau als Basis für die Beschäftigung mit politischen Fragen unverzichtbar (Siedschlag 1997: 50). „Political Realism believes that politics, like society in general, is governed by objective laws that have their roots in human nature [...]" (Morgenthau 1963: 3-4). Die menschliche Natur, so Morgenthau, ist unveränderlich und jede Theorie, die sich die Aufgabe stellt, die Welt zu verbessern, müsse die unveränderliche Natur des Menschen als Ausgangspunkt akzeptieren (Jervis 2011: 33-37). Was ist aber nun genau die unveränderliche Natur des Menschen? Ausgehend von einem an Augustinus ange-

5 In der Ablehnung universalistischer Tendenzen offenbart Morgenthau eine Nähe zum Denken von Carl Schmitt (1950).

lehnten Verständnis des Menschen (vgl. Loriaux 1992)[6] lautet die erste Annahme Morgenthaus, dass Menschen egoistisch sind. Was immer Menschen auch tun, ihr Handeln und die Intentionen, die zu ihrem Handeln führen, entspringen aus ihnen selbst, dienen in erster Linie ihnen selbst und sind auf sie selbst zurückzuführen. Egoismus ist für Morgenthau somit die Basis und eine unveränderliche Konstante des menschlichen Seins.

Der zweite Aspekt, der nach Morgenthau für die menschliche Natur kennzeichnend ist, ist die „lust for power"; der Hunger nach Macht, die jede Theorie der Internationalen Politik betonen müsse (Morgenthau, zitiert in Lebow 2003: 238). Dieser Hunger speist sich aus zwei Quellen. Die erste ist die Hobbessche Logik des Wettbewerbs zwischen Menschen (Michael Smith 1986: 136). Die zweite ist der universelle *animus dominandi* „and in it can be found the causes of all social strife" (Tellis 1995: 41). Die Ursache von Konflikt liegt bei Morgenthau in der egoistischen Natur des Menschen.

Die egoistische Natur des Menschen ist es, die zum Krieg des Menschen gegen den Menschen führt.

> „For while man's vital needs are capable of satisfaction, his lust for power would be satisfied only if the last man became an object of his domination, there being nobody above or besides him, that is, if he became like god" (Morgenthau 1946: 193).

Dieser unersättliche Hunger nach Macht ist ein universelles und kontinuierliches Charakteristikum der menschlichen Natur und erklärt, warum es immer wieder zu Krieg kommt. Der Machttrieb stellt die Essenz der Politik dar, ist der Kern des Politischen (Morgenthau 1933 [2012]). Politik ist demnach für Morgenthau „a struggle for power over men, and whatever its ultimate aim may be, power is its immediate goal." Und internationale Politik ist demzufolge „like all politics, [...] an unending struggle for power" und konsequenterweise ist „political ethics [...] indeed the ethics of doing evil" (beide Zi-

6 Für die anthropologischen Grundannahmen Morgenthaus ist Niebuhrs Einfluss nicht zu unterschätzen. Knutsen (1997: 241) geht gar so weit zu behaupten, dass Reinhold Niebuhr das „moralische Fundament" für den Realismus geliefert hat, der dann darauf aufbauend die Schlussfolgerungen für die internationale Politik gezogen hat.

tate Morgenthau 1946: 201-204). „The evil that corrupts political action is the same evil that corrupts all action, but the corruption of political action is indeed the paradigm and prototype of all possible corruption" (Morgenthau 1946: 195). Daraus resultiert bei Morgenthau die Auffassung, dass

> „the main signpost that helps political realism to find its way through the landscape of international politics is the concept of interest defined in terms of power" (Morgenthau 1960: 5).

Den Sprung von der individuellen Ebene zur internationalen Politik vollzieht Morgenthau mittels einer Analogie. In der modernen Gesellschaft kann das Individuum seinen Machttrieb nicht mehr hinreichend befriedigen und sucht deshalb Kompensation dadurch, dass es sich mit Kollektiven identifiziert, auf die es seinen Machttrieb überträgt. In der internationalen Politik ist dieses Kollektiv die Nation. Dabei ist die Nation für Morgenthau kein empirischer Gegenstand.

> „Sprechen wir [...] empirisch von der Macht oder der Außenpolitik einer bestimmten Nation, ist darunter nur die Macht oder die Außenpolitik bestimmter Individuen, die einer Nation angehören, zu verstehen" (Morgenthau 1963: 125).

Für Morgenthau sind Nation und Staat abstrakte Begriffe, die empirisch nur erfasst werden können, wenn man das macht- und außenpolitische Handeln ihrer Führer analysiert. Personen werden somit zu Repräsentanten des Staates und der Staat zu einer „Quasipersönlichkeit" (Link 1965: 20; Byman/Pollack 2001).

Die Verschiebung des individuellen Hungers nach Macht auf das Kollektiv „Nation" erfolgt bei Morgenthau, weil dem Hunger nach Macht in den internationalen Beziehungen besonders exzessiv nachgegangen werden kann, da „nationaler Machtbefriedigung im anarchischen internationalen System keine strukturellen Grenzen gesetzt" (Siedschlag 1997: 53) sind. Für Morgenthau gibt es deshalb drei Idealtypen von Politik: Machterhaltung, Machtsteigerung und Machtdemonstration. Der Hauptinhalt aller Politik ist Macht und „the struggle for power is universal in time and space and is an undeniable fact of experience" (Morgenthau 1963: 16-17).

Nachdem er verschiedene Formen nationalstaatlicher Machtpolitik diskutiert und bewertet hat, wendet sich Morgenthau der Frage nach der Begrenzung exzessiver Machtpolitik zu. Dies geschieht mittels Induktion. Morgenthau identifiziert drei Arten der Begrenzung: die Balance of Power, internationale Moral und internationales Recht (Morgenthau 1963: 161-296). Die Balance of Power bezeichnet Morgenthau als wichtigste Form der Eingrenzung zügelloser Macht.

> „[T]he aspiration for power on the part of several nations, each trying either to maintain or overthrow the status quo, leads of necessity to a configuration [...] called the Balance of Power and to politicians aimed at preserving it“ (Morgenthau 1970: 258).

Bezogen auf die Analyse der europäischen Balance of Power identifiziert er sechs Bedingungen, die zur Herstellung eines Gleichgewichts und seiner Aufrechterhaltung beitragen. Diese sind (Morgenthau 1948: 167-195):

1. Die Existenz einer großen Anzahl unabhängiger Staaten;
2. die gemeinsame europäische Kultur;
3. die geografische Begrenzung des internationalen Systems;
4. die Abwesenheit von Massenvernichtungswaffen;
5. die Freiheit der Politiker, Politik zu gestalten;
6. die Existenz eines externen Balancers.

Balance of Power ist für Morgenthau der „chief mechanism“ (Smith 1986: 144), und gute Diplomatie zeichnet sich demzufolge dadurch aus, dass sie in der Lage ist, die Balance of Power zu managen, sie aufrechtzuerhalten oder sie herzustellen. Dabei ist es jedoch wichtig zu betonen, dass sich die Balance of Power bei Morgenthau sowohl als Folge unintendierter Effekte von Großmächtepolitik als auch als das Ergebnis bewusst betriebener Politik einstellen kann (Little 2007: 137-140).

In seinem machtzentrierten Ansatz ist die Herstellung und Aufrechterhaltung einer Balance of Power für Morgenthau nicht nur unvermeidlich, sondern auch der stabilisierende Faktor in einer Gesellschaft souveräner Staaten. Nur Gegenmacht kann Macht einschränken, so könnte man Morgenthaus Überlegungen auf den Punkt bringen. Völkerrecht, Moral, internationale Organisationen und Abrüstung sind für Morgenthau keine realen Alternativen, um den Hunger nach Macht, der kennzeichnend für die zwischenstaatlichen Beziehungen ist, einzuhegen. Anknüpfend an Hobbes argumentiert Morgenthau, dass es außerhalb von staatlich verfassten Gesellschaften keine bindende Moral oder bindendes Recht gebe. Zwischenstaatliche Politik vollzieht sich somit zwar nicht in Abwesenheit moralischer oder völkerrechtlicher Grundsätze, sondern in Abwesenheit ihrer einschränkenden Wirkung auf staatliches Handeln. Souveräne Staaten werden in ihrem Handeln durch ihre nationalen Interessen (resp. was sie dafür halten)[7] angetrieben, „rather than by the allegiance to a common good which, as a common standard of justice, does not exist in the society of nations“ (Morgenthau 1948: 460). Unter diesen Bedingungen ist eine Außenpolitik, die auf die Herstellung und Aufrechterhaltung der Balance of Power abzielt, eher in der Lage, Stabilität und eine Einhegung des Hungers nach Macht zu garantieren, als dies internationales Recht oder internationale Moral wären.

Mit Blick auf die Veränderungen in der internationalen Politik nach 1945[8] äußert Morgenthau jedoch Skepsis hinsichtlich der Möglichkeit der Aufrechterhaltung einer globalen Balance of Power, da er die meisten der sechs Bedingungen, die seiner Ansicht nach in der Vergangenheit für Gleichgewicht und damit auch für Frieden in Europa sorgten, nicht mehr vorhanden sind. Damit negiert er jedoch nicht, dass auch nach 1945 Balance of Power eine Möglichkeit bietet, Stabilität in der internationalen Politik zu gewährleisten. Auch die „Zwei-Blöcke“-Balance of Power, wie Morgenthau die Nachkriegssituation zu nennen pflegte, „is a mechanism which contains in itself potentialities for unheard-of good as well as for unprecedented evil“ (1948: 285). Andreas Jacobs hat in seiner Morgenthau-Interpretation zu Recht darauf hingewiesen, dass Morgenthau die Balance of Power nicht als ein mechanisches Phänomen – im Sinne eines exakten

7 Zur Entwicklung des Konzepts des „nationalen Interesses“ bei Morgenthau vgl. Scheuerman (2009: 78-103).

8 Zu Morgenthau und der Phase des Ost-West-Konflikts vgl. Cox (2007).

Gleichgewichtes – verstanden hat, da Macht nach Morgenthau nicht exakt gemessen oder verglichen werden könne (Jacobs 2010: 47; Little 2007: 159).

Mit „Scientific Man vs. Power Politics", „Politics among Nations" sowie einer Reihe weiterer Schriften, die hier keine Berücksichtigung gefunden haben (Rohde 2004; Smith 1986) entwickelte Morgenthau zwar keine Theorie des Realismus. Viele seiner mittels Induktion gewonnenen Einsichten stehen unvermittelt nebeneinander, ja sind zum Teil sogar widersprüchlich (Jacobs 2010 : 54) und in der Folgezeit vehementer Kritik ausgesetzt gewesen (vgl. Jacobs 2010: 54-58; Link 1965). Durch die Wahl der induktiven Methode blieb Morgenthau vor den Fehlern des methodologischen Individualismus nicht gefeit. Es gelang ihm mit seiner historischen Methode nicht, systematische Kausalitäten aufzuzeigen, die theoretisch konsistent und gültig waren. Man muss der Fairness halber aber auch anmerken, dass dies nicht Morgenthaus analytisches Anliegen gewesen ist. Wie andere prominente Realisten seiner Zeit war Morgenthau skeptisch hinsichtlich dessen, was wir heute sozialwissenschaftliche Theoriebildung (insbesondere in ihrer positivistischen Ausprägung) nennen würden. Für ihn war Theorie nicht nur deskriptiv, sondern immer auch normativ. Die heute allzu übliche Trennung zwischen empirischer und normativer Theorie spielte für ihn keine Rolle, ja er betrachtete sie auch als artifiziell, da in seinem theoretischen Verständnis beide darin ähnlich seien, Regelmäßigkeiten zu suchen, die politisches Handeln beeinflussen. Darüber hinaus würden sich empirische und normative Theorie auch ergänzen, da erstere ein Regulativ letzterer sei (Snyder 2011: 61).

Das Verdienst von Morgenthau ist es jedoch, dass er – anders als realistische Denker vor ihm – das Augenmerk seiner Analyse nicht nur auf die Frage nach Herrschaftstechniken lenkte, sondern den Anspruch erhob, internationale Politik als einen eigenständigen Analysebereich zu betrachten und ihre Möglichkeiten und Begrenzungen zu verstehen. Damit ergänzte Morgenthau den Fokus der realistischen Debatte um eine empirisch-analytische Ebene.

In den letzten 10 Jahren erlebte Morgenthau eine Art Revival. Insbesondere Kritiker des Neorealismus eines Kenneth Waltz wenden sich mit verstärktem Interesse dem Werk Morgenthaus wieder zu. Dieses neu erwachte Interesse hat verschiedene Gründe. Zum einen ist hier eine generelle Zuwendung zu den historischen und philosophischen Wurzeln der akademischen Disziplin der Internationalen Beziehungen zu nennen. Ferner gibt es in den letzten Jahren ein wachsendes Interesse, die Verbindungen zwischen der Theorie Internationaler Politik und der Politischen Theorie genauer auszuloten. Im Zuge dieser Entwicklung gibt es unzählige Studien zu den philosophischen Einflüssen auf Morgenthaus Denken über internationale Politik.[9] Und es ist auch nicht zuletzt der Versuch, Morgenthaus Wiedersprüche produktiv zu nutzen, um auf mögliche Anknüpfungspunkte mit anderen Theorien, insbesondere der kritischen Theorie, zu verweisen.[10] Nicht zuletzt – und dies wird im späteren Verlauf des Buches noch eine Rolle spielen – wenden sich Autoren erneut Morgenthaus Werken zu, weil sie darin Anhaltspunkte finden, mit denen es ihnen möglich wird, die strukturelle Variante des Neorealismus, wie sie von Waltz entwickelt wurde, um innerstaatliche Faktoren zu ergänzen, mit denen sich Außenpolitik analysieren lässt (Williams 2007: 5-9).[11] Zusammenfassend lässt sich festhalten, dass Morgenthau mit seinem Werk den Grundstein für eine intensive Diskussion und Forschung im Bereich der Internationalen Politik legte, die sich die Aufgabe stellte, eine realistische Theorie Internationaler Politik zu entwickeln.

---

9 Diese reichen von Carl Schmitts Einflüssen auf Morgenthau (Scheuerman 2007, Brown 2007), über das Verhältnis von Leo Strauss zu Morgenthau (Neacsu 2007) bis hin zum Einfluss der Staatsrechts- und Völkerrechtslehre des 19 Jahrhunderts auf sein Werk (Jütersonke 2010). Die Liste ließe sich beliebig erweitern. Aristoteles (Molloy 2009), Nietzsches (Enemark Petersen 1999) und auch Max Webers (Turner/Mazur 2009) Einfluss auf Morgenthaus Denken sind Gegenstände der Betrachtung gewesen.

10 Allerdings gibt es heute viele Autoren, die in diesem Widerspruch die Möglichkeit der Anknüpfung des klassischen Realismus an die kritische Theorie Internationaler Politik sehen (Reichwein 2011: 9; Neacsu 2011; Keaney 2006: 80; Little 2007: 157-159; Bell 2009: 14). Einige wenige gehen sogar soweit, aus dieser Widersprüchlichkeit die Schlussfolgerung zu ziehen, dass Morgenthau illegitimer Weise zum Kanon realistischer Theoriebildung gezählt wird (Behr/Heath 2009).

11 Auf die grundlegende Problematik von „internationaler Politik“ und „Außenpolitik“ wird detailliert im nächsten und übernächsten Kapitel eingegangen werden.

Die ersten Ansätze zur Entwicklung einer *wissenschaftlichen* Theorie des Realismus ließen sich bereits 1959 beobachten, als ein Nachwuchswissenschaftler seine an der Columbia University unter der Betreuung von William T. Fox verfasste Doktorarbeit unter dem Titel „Man, the State and War" veröffentlichte.[12] Der Name dieses damals noch unbekannten Promovenden, der 20 Jahre später zum Begründer des Neorealismus avancieren sollte: Kenneth N. Waltz. Seinem Denken und der Entwicklung des Neorealismus ist das nächste Kapitel gewidmet.

Kontrollfragen zu Kapitel 1

- Angesichts welcher vorherrschenden Denkströmung entwickelte Morgenthau seinen Realismus?
- Welche Gemeinsamkeit verband den Idealismus und Morgenthau?
- Welches Menschenbild liegt dem Realismus zugrunde?
- Warum ist „the lust for power" ein universelles und kontinuierliches Charakteristikum der menschlichen Natur?
- Wie vollzieht Morgenthau die Analogie von der individuellen zur staatlichen Ebene?
- Welche Rolle spielt die Balance of Power bei Morgenthau?

2. Der Neorealismus

Die meisten Einführungen in den Neorealismus beziehen sich in ihren Darstellungen ausschließlich auf das 1979 erschienene Werk „Theory of International Politics". Dies ist insofern legitim, als Waltz hier seine Theorie des Neorealismus in Gänze präsentiert. Für ein komplexes Verständnis des Neorealismus reicht es m.E. jedoch nicht aus, ausschließlich auf die „Theory of International Politics" zu rekurrieren. Denn zum einen hat auch dieses Buch eine intellektuelle Vorgeschichte, die bereits 1959 mit „Man, the State and War" begann, und zum anderen ist es für das methodische Verständnis von Waltz wichtig, auch einen im Jahr 1975 veröffentlichten Text aufmerksam

12 Als Dissertation wurde diese Schrift schon 1954 eingereicht.

zu lesen. Die Lektüre und die Kenntnis beider Texte helfen, um den Neorealismus in seiner gesamten Komplexität zu begreifen.[13]

2.1 Erste Schritte auf dem Weg zu einer neorealistischen Theorie: Man, the State and War

Der Ausgangspunkt für die Abfassung seiner Doktorarbeit[14] war für Waltz die Frage, welche Erklärungsansätze es in der Internationalen Politik für die Entstehung von Kriegen gibt. Waltz hat seine 59er Schrift selbst einmal als „sorting out book" bezeichnet (Waltz 2003a: 2). Im Zentrum des Buches steht die Entwicklung einer Taxonomie, mittels der die existierenden Erklärungsansätze zu Kriegsursachen gruppiert und systematisiert werden können. Sein Ergebnis ist, dass die meisten Erklärungsansätze unter drei Kategorien subsumiert werden können: die menschliche Natur, die interne Ordnung von Staaten und die Struktur des internationalen Systems.

Ansätze, die die Ursache von Kriegen in der menschlichen Natur sehen, somit anthropologisch argumentieren, bezeichnet Waltz als „first image"-Ansätze. Ihnen misst er nur geringe wissenschaftliche Erklärungskraft zu. Jene Ansätze, die ein optimistisches Menschenbild zugrunde legen, bezeichnet er als naiv und Wunschdenken, und er gibt zahlreiche Beispiele dafür, dass Menschen nicht per se gut und friedlich sind. Aber auch die „first- image"-Erklärungsansätze, deren Menschenbild negativ ist, werden von Waltz – obgleich er ihre grundsätzliche Annahme nicht teilt, ihr jedoch mit Sympathie gegenübersteht – einer fundamentalen Kritik unterzogen. Denn wenn es in der Natur des Menschen liegt zu kämpfen, dann kann dieses Faktum nicht die Tatsache erklären, dass die internationale Politik nicht nur durch kriegerische Auseinandersetzungen, sondern auch durch Perioden des Friedens gekennzeichnet ist.

13 Landläufig herrscht die Meinung vor, dass der Neorealismus eine einfache Theorie sei, da Waltz lediglich die Struktur des internationalen Systems definiert und eine Gesetzmäßigkeit formuliert. Meine Einschätzung ist jedoch, dass Waltz in seinen Arbeiten eine komplexe Theorie der Internationalen Politik entwickelt hat.

14 Einige biografische Informationen, die für die Abfassung der Arbeit von Interesse sind, liefert Waltz selbst (2001: vii-xi).

> „If human nature is *the* (Hervorhebung im Original) cause of war and if, as in the systems of the first-image pessimists, human nature is fixed, then we can never hope for peace“ (1959: 29).

Das einzige Verdienst, das Waltz den „first-image“ Pessimisten zugesteht, besteht darin, dass sie ein gutes Beispiel dafür liefern, dass man keine allzu großen Hoffnungen in die menschliche Ratio als Ansatz zur Lösung politischer und sozialer Phänomene hegen sollte. Nicht in „Man, the State and War“, sondern in einem 1962 erschienenen Aufsatz weist Waltz darüber hinaus nach, dass auch bei Kant keineswegs das Denken vorherrschend war, dass der Mensch von Grund auf gut und kooperativ sei und Konflikte lediglich aus „mistaken belief, inadequate knowledge, and defective governance“ (Waltz 1962: 331) entstehen würden. Zwar verurteile Kant aufgrund prinzipieller moralischer Bedenken die Anwendung von Gewalt, er erwarte sie aber dennoch als „Teil der Mortalität menschlichen Seins“ (Albert 1996: 47). Der Nachweis, dass auch Kant einem realistischen Menschenbild verhaftet ist (Waltz 1962: 340), lässt seine prominente Stellung im Idealismus und Liberalismus mehr als zweifelhaft erscheinen.

In ähnlicher Weise wie die menschliche Natur trägt auch das „second-image“, das Waltz identifiziert, die Herrschaftsordnung von Staaten, nicht dazu bei, die Frage nach den Ursachen von Krieg zufriedenstellend zu beantworten. Denn, so argumentiert Waltz, durch die gesamte Geschichte hinweg haben Staaten – unabhängig von ihrer internen Strukturierung – Kriege geführt. Monarchien waren ebenso häufig in kriegerische Auseinandersetzung verwickelt wie Demokratien oder autoritäre Regime. Deshalb sind Erklärungsversuche, die in der internen Strukturierung von Staaten die primäre Ursache für Kriege sehen, aus seiner Sicht unhaltbar. Ausgehend von der mangelnden Erklärungskraft der first- und second-image-Theorien, unterzieht Waltz in einem nächsten Schritt die so genannten systemischen Erklärungsansätze einer Plausibilitätskontrolle. Wenn weder die menschliche Natur noch die interne Ordnung von Staaten für den Ausbruch von Kriegen zwischen Staaten als ausreichende Erklärungsansätze angesehen werden können, so liegt die Vermutung nahe, dass „the international political environment has much to do with the ways in which states behave“ (Waltz 1959: 122). Deshalb geht Waltz zunächst der Frage nach, welche Bedeutung dem internationalen Umfeld für die zentrale Fragestellung seiner Arbeit zukommt. Der Kern systemischer Erklärungsansätze besteht nach Waltz in der Annahme, dass die Präsenz verschiedener miteinander konkurrierender Staaten ein anarchisches System konstituiert, in dem die Abwesenheit von Herrschaft zwischen den Staaten Konflikt und Krieg zwischen ihnen fördert. Damit negiert Waltz nicht die Bedeutung, die staatlichem Verhalten oder der menschlichen Natur für das Entstehen von Konflikt und Krieg zukommt, er will jedoch auf das Faktum aufmerksam machen, dass die anarchische Struktur des internationalen Systems Kriege verursacht (1959: 184-185).[15]

Ashley J. Tellis hat zurecht darauf aufmerksam gemacht, dass „Man, the State and War“ weit mehr ist als eine bloße Aufstellung von Taxonomien, die dazu dienen sollen, verschiedene Theorien zu gruppieren, sondern dass bereits hier diese Theorien auf ihre Aussagekraft und ihre interne Kohärenz überprüft werden (1995: 67). Insbesondere der Teil des Buches, der sich mit der Analyse systemischer Erklärungen beschäftigt, geht weit über die Darstellung von Ansätzen und Theorien und die Bewertung ihrer Erklärungskraft hinaus. In ihm sind bereits die ersten Ansätze jener Überlegungen zu erkennen, die zwanzig Jahre später in „Theory of International Politics“ systematisch zusammengeführt werden. Um die Annahme eines anarchischen Systems zu festigen, geht Waltz in zwei Schritten vor. Zunächst erbringt er – mit Rekurs auf Rousseau – den Nachweis, wie Staaten entstehen, und zweitens stellt er, wiederum an Rousseau anknüpfend, die Frage, ob sie als einheitliche Akteure betrachtet werden können. Beide Argumentationsstränge sollen an dieser Stelle nicht weiter verfolgt und auf ihre logische Konsequenz hin diskutiert werden (vgl. dazu Waltz 1959: 171-186; Ashley 1995: 69-72). Als Ergebnis dieser Rekurse lässt sich jedoch festhalten, dass Waltz der dritten Ebene (third image) die größte Erklärungskraft beimisst, wenn es um die Beantwortung der Frage geht, warum zwischenstaatliche Kriege immer wieder ausbrechen. Das internationale System ist,

15 Die genaue Kausalität wird in den späteren Kapiteln dargelegt werden.

so die Schlussfolgerung von Waltz, die zentrale Variable zur Erklärung von Krieg und Frieden zwischen Staaten. Dieses System wird durch die Präsenz von Staaten, ihre Aktionen und Interaktionen konstituiert.

> „The third image may provide a utopian approach to world politics. It may also provide a realistic approach, and one that avoids the tendency of some realists to attribute the necessary amorality, or even immorality, of world politics, to the inherently bad character of man" (Waltz 1959: 238).

Im Großen und Ganzen lassen sich bereits hier die ersten Ansätze der „Theory of International Politics" erkennen; allerdings entwickelt Waltz seine Aussagen noch induktiv.

Eine weitere Veröffentlichung auf dem Weg zu seinem zentralen Werk stellt der Aufsatz „Theory of International Relations" dar, den Kenneth Waltz 1975 in einem von Fred Greenstein editierten Handbuch zu den Internationalen Beziehungen veröffentlich hat. Dieser Aufsatz ist aus zweierlei Gründen von Bedeutung. Zum einen, weil Waltz in ihm sein methodisches und theoretisches Grundverständnis ausführlich darstellt (Siedschlag 2001) und zum zweiten, weil in diesem Aufsatz die Balance of Power-Theorie in den Mittelpunkt des Waltzschen Arguments rückt, die er als eine „political theory of international politics" (1975: 2) bezeichnet. Da ein Großteil der späteren Kritik an der Theory of International Politics auf einer mangelnden Kenntnis des theoretischen und methodischen Verständnisses von Waltz beruht[16], erscheint es geboten, hierauf im Folgenden näher einzugehen.

16 Zwar sind wesentliche Teile dieses Aufsatzes in das 79er Werk eingeflossen, allerdings sind die Ausführungen in diesem Aufsatz detaillierter und differenzierter.

Kontrollfragen zu Kapitel 2.1

- Worum ging es Waltz bei der Abfassung seiner Doktorarbeit?
- Welche drei Ebenen identifiziert Waltz in der Literatur zu Kriegsursachen und Friedensbedingungen?
- Warum hält Waltz anthropologische Erklärungen für unzureichend?
- Wie argumentiert Waltz gegen die Vorstellung, dass bestimmte politische Systeme friedensfördernd oder „kriegslüstern" seien?
- Wie gelangt Waltz in seinem Buch zu der Auffassung, dass der Ebene des internationalen Systems wohl die größte Erklärungskraft für die Frage nach Krieg und Frieden zukommt?

2.2 Theorie und Theoriekritik

Zu Anfang besagten Aufsatzes beschäftigt sich Waltz mit der Frage, was eine Theorie ist und wie sie getestet werden kann. Sein eigenes Theorieverständnis entlehnt Waltz den Natur- und Wirtschaftswissenschaften. In einem ersten Schritt hält er fest, dass eine Theorie das Auftauchen von Gesetzmäßigkeiten erklären soll (Waltz 1975: 4). Durch ein solches Verständnis von Theorie grenzt sich Waltz scharf von anderen Ansätzen ab, die Theorie als „sets of laws pertaining to a particular behavior or phenomenon" (1975: 3) verstanden wissen wollen oder Theorie die Funktion zuweisen, Aussagen zu sein, die Gesetze erklären (1975: 3). Dabei unterscheidet Waltz sehr genau zwischen Gesetzen und Theorien. Erstere werden durch Beobachtung gewonnen, letztere durch spekulative Prozesse, die erstere erklären sollen (1975: 4). Da Theorien nur „Spekulationen" sind, sind sie mit der realen Welt auch nur lose verbunden. „Theories, though not divorced from the world of experiment and observation, are only indirectly connected with it" (Waltz 1975: 4). Aus dieser definitorischen Trennung zwischen Theorie und Gesetz folgt, dass Theorien nicht danach beurteilt werden können, ob sie wahr oder falsch sind. Und eine gute Theorie zeichnet sich nach Waltz dadurch aus, dass sie in ihrem Aufbau und in ihrer Vorgehensweise kohärent ist, aber vor allem dadurch, dass andere Wissenschaftler sie ernstnehmen (Waltz

2003b: xii)[17]. Nur Gesetze können nach dem Kriterium als wahr oder falsch beurteilt werden. Durch die radikale Trennung, die Waltz zwischen Theorie und Realität vornimmt, erweist er sich als „Anti-Empirizist“ (Waever 2011: 82). Allerdings hängt Waltz auch nicht der Gegenposition des Rationalismus an, wonach Wissen durch Nachdenken gewonnen wird. Vielmehr kann man ihm eine Nähe zu der pragmatistischen Position[18] von Wissenschaftsphilosophen wie Willard van Orman Quine (1981) oder William Sellers (1975) nachweisen, denn für Waltz bietet Theorie

> „a set of more or less helpful idealizations or oversimplifications that can be used to order the complex chaos of empirical reality into more comprehensible and manageable forms“ (Jackson 2011: 113).

Lassen wir Waltz nochmal selbst zu Wort kommen. „A theory“, so formuliert er es, „always remains distinct from [the] world. Reality will be congruent neither with a theory nor with a model that may represent it“ (1979: 6-7). In anderen Worten, Theorie ist ein „picture, mentally formed, of a bounded realm or domain of activity“ (Waltz 1997: 913). Theorien konstruieren für Waltz eine Realität, ohne dass jemand jemals sagen könnte, dass dies *die* Realität ist (Waltz 1979: 9).

Nachdem er Theorien definiert hat, geht Waltz noch einen Schritt weiter und gibt zwei Kriterien an, die bei der Entwicklung von Theorien Berücksichtigung finden müssen.

Das erste Kriterium ist, dass Theorien diskriminieren müssen. „Discrimination is required because the amount that can be learned about matters that bear upon international relations, as upon any complex realm, is infinite“ (Waltz 1975: 6). Waltz lässt in seinem Verständnis von Theorie und Theoriebildung unzweifelhaft seine Nähe zu den Überlegungen des kritischen Rationalismus, wie er Ende der 1950er bis Mitte der 60er Jahre von Karl Popper, Joseph Agassi,

17 Man könnte an dieser Stelle auf Richard Rorty verweisen, der schrieb, Wahrheit ist „whatever wins in a free and open encounter" (Rorty 1989: 67).

18 Zum Pragmatismus vgl. Hellmann (2010).

Paul Feyerabend, Imre Lakatos, John W. N. Watkins u.a. entwickelt wurde, erkennen. Demzufolge gibt es eine Realität, die unabhängig von Sprache und von Theorien existiert. Dass Waltz einem solchen Verständnis von Wissenschaft nahe steht, ergibt sich aus der Aussage, wonach

> „a theory, while related to the world about which explanations are wanted, always remains distinct from that world. Theories are not descriptions of the real world, they are instruments that we design in order to apprehend some part of it" (Waltz 1975: 8).

Allerdings weicht Waltz an einer entscheidenden Stelle vom Popperschen Rationalismus ab: bei der Falsifizierbarkeit von Theorien. Anders als Popper sieht Waltz die Hauptaufgabe der Wissenschaft keineswegs darin, Theorien bzw. die aus Theorien abgeleiteten Hypothesen zu falsifizieren[19], sondern er plädiert für ein pluralistisches Verständnis.

> „Theories gain credibility in a variety of ways – by unsuccessfully attempting to falsify, by successfully attempting to verify, by demonstrating that outcomes are produced in the way the theory contemplates, and by the intellectual force of the theory itself" (Waltz 1986: 336).

Das zweite Kriterium für die Theoriebildung entwickelt Waltz ausgehend von einer Kritik des Behavioralismus, der die amerikanische Sozialwissenschaft (und auch die Forschungen in der Internationalen Politik) in den 1960er und 70er Jahren dominierte.[20] Dieser zeichnete sich dadurch aus, dass er den Schwerpunkt seiner Forschung auf das individuelle Verhalten legte und mittels induktivem Vorgehen nach sozialen Regelmäßigkeiten suchte. Kennzeichnend für den Behavioralismus war und ist die Verwendung von quantitativen Metho-

19 Vgl. Waltz (1986: 334-335).

20 Mouritzen (1997: 73-74) hat zu Recht darauf hingewiesen, dass sich Waltz mit seiner Theorie auch gegen den in der akademischen Disziplin der 1970er Jahre vorherrschenden Holismus wandte, der versuchte, Theorien zu entwickeln, die die soziale Realität gänzlich abbilden.

den (vgl. Falter 1982).[21] Nicht nur, dass die induktive Methode, die dem Behavioralismus zugrunde liegt, aus Waltzscher Sicht falsch ist, da sie aus scheinbar vorzufindenden Korrelationen den Anspruch ableitet, Gesetze zu formulieren. Auch die Korrelationsanalyse als Methode wird von ihm kritisiert, da mit ihr jede Variable zu einer anderen in einen statistisch signifikanten Zusammenhang gebracht werden kann. Somit hat sie seiner Auffassung nach etwas Beliebiges und auch Manipulatives. In seiner Ablehnung von atheoretischen induktiven Forschungsdesigns steht Waltz unzweifelhaft in der realistischen Tradition (Snyder 2011: 65). Er knüpft hier in positiver Weise an die so genannte zweite große Debatte in der Internationalen Politik an, die zwischen Vertretern des Behavioralismus und der traditionell eher an historisch-interpretativen Methoden orientierten Politikwissenschaft in den 1960er Jahren stattfindet (zu der Debatte Curtis/ Koivisto 2010: 433-435).

Auch die von behavioralistischen Forschern bevorzugte Analyse einer großen Anzahl von Fällen ist aus der Sicht von Waltz nicht unproblematisch. An die Stelle von „large-n studies" sollten „small-n studies" oder Einzelfallanalysen treten, die seiner Auffassung nach gegenüber der Analyse einer Vielzahl von Fällen eindeutige Vorteile haben.

> „[A] small number of cases well studied may be worth hundreds cursorily treated. [...] One experiment well designed, one demonstration well conducted, one case carefully examined, may add more to one's confidence in a theory than hundreds of instances looked at hastily" (Waltz 1986: 335).

Die grundlegende Kritik, die Waltz am Behavioralismus und an der induktiven Methode übt, resultiert aber im Wesentlichen nicht aus methodologischen Differenzen, sondern aus dem behavioralistischen Anspruch, soziale Realitäten erklären zu wollen. Das bedeutet nicht,

21 Für Falter (1982: 174-200) ist der Behavioralismus durch die folgenden zehn Grundsätze gekennzeichnet: 1. Theoriegeleitetheit der Forschung, 2. Suche nach Regelmäßigkeiten, 3. Streben nach Nachprüfbarkeit und Objektivität, 4. Forschungstechniken, 5. der Trend zur Quantifizierung, 6. Konzentration auf individuelles Verhalten, 7. Induktivismus, 8. Werterelativismus, 9. Grundlagenorientierung sowie 10. Integration und Interdisziplinarität. Es wird an dieser Stelle deutlich, dass Waltz Falter hinsichtlich des ersten Punktes im behavioralistischen Dekalog widersprechen würde.

dass sich Waltz diesem Anspruch verweigern würde, er macht jedoch darauf aufmerksam, dass die Komplexität der realen Welt durch Theorien nicht zu erklären sei.

Denn Theorien sind nicht Beschreibungen der realen Welt, sondern Instrumente, die entwickelt werden, um Teile der realen Welt zu erklären. Während Realität somit komplex ist, sollte eine Theorie „elegant sein“ (Waltz 1975: 9). „Realität ist komplex, Theorie ist simpel“, hat Waltz seine theoretische Grundannahme später auf eine einfache Formel gebracht (1997: 913). Um diesen Anspruch jedoch zu erfüllen, muss Theorie einen gewissen Abstand zur realen Welt wahren, insbesondere dadurch, dass sie bestimmte Faktoren unberücksichtigt lässt.

Deshalb ist der behavioralistische Ausgangspunkt, die reale Welt, nicht notwendigerweise der beste Ausgangspunkt, um Theorien zu konstruieren: „[...] induction in itself leads to a dead end [...]“ (Waltz 1975: 9). „To claim that it is possible to arrive at a theory inductively is then to claim that we can understand phenomena before the means for their explanation are contrived“ (Waltz 1975: 9).

Ausgehend von dieser Definition von Theorie und der Kritik an der induktiven Methode stellt Waltz die Frage, wie Theorien aufgestellt werden sollten, die die Fehler bisheriger „Theorien“ der Internationalen Politik vermeiden.

Zunächst einmal wiederholt Waltz seine Auffassung, wonach Theorien Gesetzmäßigkeiten erklären sollten. Jede sozialwissenschaftliche Theorie ist jedoch mit dem Grunddilemma konfrontiert, dass Bedeutungen mit den Betrachtern variieren. Dies macht jede sozialwissenschaftliche Theorie inhärent schwach. Auch der Versuch, durch Operationalisierung von Definitionen die Bedeutung eines Begriffes zu spezifizieren, ist für Waltz kein gangbarer Ausweg aus diesem sozialwissenschaftlichen Dilemma. „That won’t help“ (Waltz 1975: 11), bemerkt er hierzu lakonisch. Denn jeder Begriff „can be made operational in most of the meanings our discourse assigns to them“ (Waltz 1975: 11).

Die Frage der Operationalisierung als technischer Vorgang ist deshalb für Waltz von geringerem Interesse. Sie gewinnt jedoch in dem

Moment an Bedeutung, in dem Operationalisierung von Begriffen als Spezifizierung von Kausalitäten verstanden wird. Es muss also geklärt werden, wie bestimmte Vorgänge miteinander verbunden sind, wie diese Verbindungen zustande kommen und wie die Struktur eines Analysebereiches die Interaktion der Variablen beeinflusst. Wenn diese Fragen geklärt werden, verliert das eben geschilderte Problem sozialwissenschaftlicher Theorien zwar nicht seine Relevanz, es wird jedoch erheblich gemildert. Harte sozialwissenschaftliche Theorien sind dann möglich.

In „Theory of International Politics" sowie in einem 1997 erschienenen Aufsatz in der American Political Science Review expliziert Waltz deutlich, was er unter einer Theorie der Internationalen Politik versteht und welche Kriterien bei der Entwicklung einer Theorie der Internationalen Politik Berücksichtigung finden müssen.

Erstens sei es notwendig, die Internationale Politik als einen eigenständigen Analysebereich zu denken. Zweitens müssen in diesem Analysebereich Gesetzmäßigkeiten festgestellt werden, die drittens erklärt werden müssen (Waltz 1979: 166). Ferner ist für die Entwicklung einer Theorie der Internationalen Politik, wie überhaupt für die Entwicklung jeder Theorie, zu beachten, dass sie zumindest eine theoretische Annahme enthält. Diese Annahmen sind jedoch nicht mit Tatsachen zu verwechseln, woraus folgt, dass die Frage, ob eine Annahme richtig oder falsch ist, an sich falsch gestellt ist. Eine Annahme kann lediglich hinsichtlich ihrer Brauchbarkeit für die Theorie überprüft werden und nicht hinsichtlich ihres Realitätsgehaltes. Des Weiteren, so schreibt Waltz, sollten Theorien danach beurteilt werden, ob sie in der Lage sind, das zu erklären, was sie erklären wollen, und letzten Endes, und dies scheint einer der wichtigsten Punkte zu sein, können Theorien, die explanatorische Systeme sind, Einzelheiten nicht berücksichtigen (1979: 117; Waltz 1997).

Vom Gegenstand, der analysiert werden soll, hängt für Waltz auch die Beantwortung einer weiteren Frage ab, die nach der „richtigen" Methode. Dass Waltz diese Frage thematisiert, kann nur vor dem Hintergrund der in den 70er Jahren stattfindenden Auseinandersetzung zwischen Vertretern quantitativer und qualitativer Methoden verstanden werden. Waltz selber erweist sich hier als Pragmatiker. Dort wo es der Gegenstandsbereich anbietet, sollten aus der Naturwissenschaft entlehnte quantitative Methoden zum Einsatz kommen.

Nachdem diese Vorklärungen erfolgt sind, wendet sich Waltz einem weiteren methodischen Problem zu, dem des Theorientests. Um Theorien zu testen, schlägt Waltz sieben Schritte vor:

- Zunächst sollte die Theorie vorgestellt werden.
- Dann sollten aus der Theorie Hypothesen mit Blick auf den Untersuchungsgegenstand abgeleitet werden.
- Die Hypothesen sollten in einem weiteren Schritt einem experimentellen oder nicht-experimentellen Test unterzogen werden (die Wahl für die Methode hängt, wie bereits erwähnt, vom Gegenstandsbereich ab).
- Während der Durchführung von 2. und 3. ist es wichtig, Definitionen so zu benutzen, wie sie in der Theorie benutzt werden.
- Störende („perturbing“) Variablen, die nicht in der Theorie selbst enthalten sind, müssen eliminiert oder, wenn dies nicht möglich ist, kontrolliert werden.
- Die Hypothesen sollten anhand einer Zahl von harten Testfällen überprüft werden.
- Sollten die Tests die Hypothesen nicht bestätigen, so gilt es zu fragen, ob die Theorie insgesamt falsch ist oder nur korrigiert bzw. verbessert werden muss oder ob ihre Erklärungskraft beschränkt werden sollte.

Bei genauer Betrachtung dieser sieben Empfehlungen wird deutlich, dass Theorien nicht getestet werden können. Einzig aus der Theorie abgeleitete Hypothesen können einem Test unterzogen werden, nicht jedoch Theorien selbst. Deshalb warnt Waltz auch davor, eine Theorie für obsolet bzw. falsch zu erklären, wenn aus ihr abgeleitete Hypothesen empirisch nicht bestätigt werden können (1975: 13). Das größte Problem bei der Beantwortung der Frage, ob Theorien der Internationalen Politik explanatorische Kraft haben, sieht Waltz jedoch nicht, wie viele seiner Kollegen in den 1970er Jahren, in der Frage, wie Theorien bzw. die aus ihnen abgeleiteten Hypothesen getestet werden können, sondern darin, dass die existierenden Theorien der Internationalen Politik zumeist „imprecise“, „contradictory“ (1975: 13) und konfus sind, da sie nicht in der Lage sind, Ursache und Wirkung klar zu identifizieren.

Diesen konstatierten Missstand in der Disziplin der Internationalen Politik will Waltz adressieren, indem er sich zum Ziel setzt:

1. „[To] Develop a more rigorous theory of international politics than earlier realists had done.[22]
2. Show how one can distinguish unit-level from structural elements and then make connections between them.
3. Demonstrate the inadequacy of the prevalent inside-out pattern of thinking that has dominated the study of international politics.
4. Show how state behavior differs, and how expected outcomes vary, as systems change.
5. Suggest some ways in which the theory can be tested and provide some examples of its practical application, largely to economic and military problems“ (Waltz 1986: 322).

Das 1979 erschienene Buch „Theory of International Politics“ versucht diesen fünf Anforderungen gerecht zu werden. Es stellt unzweifelhaft das Hauptwerk des nach seiner Emeritierung an der Columbia University lehrenden Politikwissenschaftlers dar. Deshalb werden sich die folgenden Ausführungen auf die Darstellung der dort entwickelten und von Robert Cox mit dem Schlagwort „Neo-Realismus“ versehenen Theorie konzentrieren.[23]

22 Für Waltz hat der Realismus, wenn überhaupt, eine Theorie der Außenpolitik entwickelt (Waltz 1990a: 33; Siedschlag 1997: 89).

23 Waltz selber hat mehrmals betont, dass ihm der Begriff Neorealismus nicht behagen würde. In seiner Wahrnehmung habe er eine strukturelle Theorie des Realismus entwickelt, weshalb er den Begriff struktureller Realismus präferiere.

Kontrollfragen zu Kapitel 2.2

- Was versteht Waltz unter „Theorie“?
- Welche Kriterien legt Waltz für die Theorieentwicklung an?
- Worin besteht der Unterschied zwischen Theorien und Gesetzen bzw. Hypothesen?
- Können Theorien getestet werden?
- Welche Funktion haben Annahmen für Waltz?
- Bevorzugt Waltz eine bestimmte Methode (quantitativ vs. qualitativ)?
- In welche wissenschaftstheoretischen Debatten der 1960er und 70er Jahre muss die Auseinandersetzung von Waltz mit der Frage, was eine Theorie ist, eingebettet werden?

2.3 Das System, seine Struktur und seine Einheiten

Entsprechend den bereits genannten Kriterien für die Entwicklung einer Theorie definiert Waltz zunächst den Gegenstandsbereich seiner Theorie, die Internationale Politik, als eine „domain distinct from economic, social and other international domains“ (Waltz 1979: 79). Damit ignoriert Waltz keineswegs mögliche Wechselwirkungen, die es zwischen Ökonomie, Politik und sozialen Prozessen geben kann und gibt. Aus seiner Sicht kann eine Theorie jedoch nur dann konstruiert werden, wenn „various objects and processes, movements and events, acts and interactions, are viewed as forming a domain, that can be studied in its own right“(Waltz 1990a: 23). Und letzten Endes gilt hier das Diktum von der Schlankheit der Theorie und der daraus resultierenden Notwendigkeit radikaler Abstraktion von der Realität und radikaler Simplifizierung der Realität. Den methodischen Zugriff auf die internationale Politik vollzieht Waltz mithilfe eines System-Modells, wobei er System definiert als „composed of a structure and of interacting units“ (Waltz 1979: 79). Obgleich Waltz seine Theorie als eine „system theory“ bzw. „systemic theory“ bezeichnet, hat Volker Düsberg zu Recht darauf hingewiesen, dass die deutsche Übersetzung „Systemtheorie“ Missverständnisse erzeugt. Denn Waltz nimmt mit „System“ lediglich einen eigenen Bereich (die Internationale Politik) mit einem inneren Gefüge (Struktur), welches das Verhalten der Teile beeinflusst, an. „Außenwelten“ und „Informationsabläufe“, wie sie bei der Systemtheorie von K.W. Deutsch, Tyclott Parsons oder Nikolaus Luhmann eine Rolle spielen, werden bei Waltz nicht thematisiert (Düsberg 1992: 13-14). Deshalb erscheint es angemessener, von einer „structural theory“ anstatt von einer „systemic theory“ zu sprechen, zumal Waltz auch lange Zeit als Vertreter des strukturellen Realismus galt.[24]

Wodurch ist aber das System internationale Politik gekennzeichnet? Ein System ist laut Waltz ein Konzept sozialer Strukturen (Waltz 1979: 79). Die Struktur erweist sich hierbei als der intellektuelle Zugang zum Verständnis des Systems als Ganzem, da sie als systemweite Komponente gedacht werden kann. Definiert ist sie durch die Anordnung der Teile im System und durch das Prinzip, nach dem diese Teile angeordnet sind.

Die Teile (*units*) sind klar voneinander abgrenzbare Einheiten, die durch beständige Aktionen/Interaktionen miteinander in Verbindung stehen (*interacting units*). Die wichtigsten Einheiten – nicht die einzigen – des Systems, so lautet eine Waltzsche Annahme, sind Staaten. Jeder Staat ist eine souveräne politische Einheit, wobei Souveränität nicht bedeutet, dass jeder Staat so handeln kann, wie es ihm beliebt. Souveränität meint – im Waltzschen Verständnis – vielmehr, die Freiheit selbst zu entscheiden, wie auf interne und externe Herausforderungen reagiert wird (Waltz 1979: 96), einschließlich der Entscheidung, ob man zur Bewältigung dieser Herausforderungen mit anderen Staaten zusammenarbeitet oder nicht. Dieser Souveränitätsbegriff verkennt weder die real existierenden Dependenzen, denen einige Staaten ausgesetzt sind, noch die Auswirkungen, welche die Handlungen anderer Staaten auf einen Staat haben.

Letzten Endes ist der Souveränitätsbegriff auch der Schlüssel zum Verständnis für die Gleichbehandlung aller Staaten in der neorealisti-

24 Erst Mitte der 90er Jahre, mit dem Erscheinen von Buzan/Little/Jones gilt Waltz allgemein als Begründer des Neorealismus, obgleich der Begriff bereits Anfang der 80er Jahre von Cox geprägt wurde.

schen Theorie bzw. ihrer Subsumierung unter „units“. Trotz aller Unterschiede hinsichtlich ihrer territorialen Größe, ihres Bruttosozialproduktes und ihrer militärischen Stärke gleichen sich alle Staaten darin, dass sie die gleichen Funktionen erfüllen (Sicherheit nach innen wie nach außen zu schaffen[25]). Alle Staaten gleichen sich darin, dass sie die Freiheit der gesellschaftlichen Eigenentwicklung (Löwenthal 1971: 11) aufrechterhalten wollen bzw. anstreben. Wie sie diese Funktionen jedoch erfüllen, ist unterschiedlich und hängt letzen Endes von der Einsetzbarkeit der den Einheiten zur Verfügung stehenden Machtpotenziale ab.

> „The units [...] are functionally undifferentiated. The units of such an order are then distinguished primarily by their greater or lesser capabilities for performing similar tasks“ (Waltz 1979: 97).

Durch das Struktur-Modell kann Waltz analytisch zwischen der Struktur-Ebene und dem „level of interacting units“ unterscheiden. Dies ermöglicht es ihm, „to show how the structure of a system affects the interacting units and how they in turn affect the structure“ (Waltz 1979: 40). Damit hat Waltz sein erkenntnisleitendes Interesse deutlich formuliert. Allerdings ist Waltz terminologisch nicht ganz eindeutig. Des Öfteren spricht er von „unit-level“ wenn er offensichtlich die Ebene der „interacting units“, also die Prozessebene meint. Ein Aufsatz von 1990 verschafft hier Klarheit. In der dort abgebildeten Grafik (vgl. Grafik 1) wird deutlich, dass der Begriff „unit-level“, die Analyseebene meint, die die Einheiten mit ihrer internen Ordnung und ihrem spezifischen Außenverhalten bezeichnet.

25 Wobei auch Waltz unter Sicherheit nicht ausschließlich militärische Sicherheit, sondern auch ökonomische und gesellschaftliche Sicherheit versteht (1979: 96-97). Zu diesem umfassenden Sicherheitsbegriff siehe Buzan (1991: 3-14). Darin greift Waltz auf die Einsicht Morgenthaus zurück, dass Realismus Sicherheit im Zentrum seines Interesses hat, dass Sicherheit aber mehr ist als der Einsatz von Streitkräften (Keaney 2006: 80).

Grafik 1

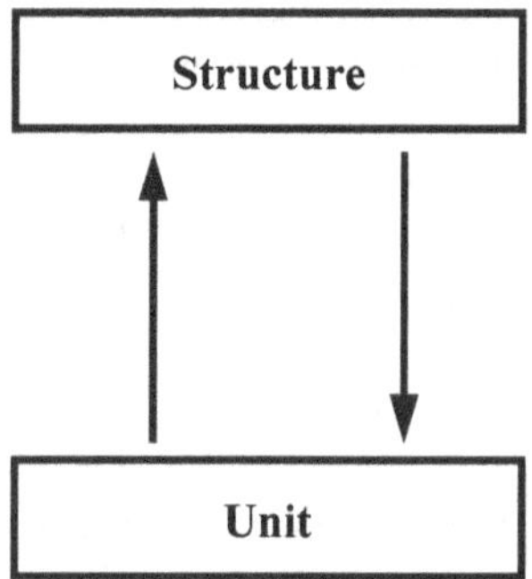

Damit wird auch deutlich, dass es ein wechselseitiges Beeinflussungsverhältnis zwischen den Ebenen gibt. Nur so ist zu verstehen, dass Kenneth Waltz in mehreren Aufsätzen der letzten 15 Jahre davon redet, dass die Struktur die Einheiten beeinflusst et vice versa; „the [...] causes run not in one direction [...] but rather in two directions" (Waltz 1990a: 34). Als Ergebnis hält Waltz fest: „Causes at the level of the units interact with those at the level of the structure" (Waltz 1990a: 34). Für das Ziel von Waltz, eine Theorie der Internationalen Politik zu entwickeln, sind allerdings mögliche Veränderungen auf der Ebene der „units" (sowohl intern, als auch in ihrem Außenverhalten) sekundär. Diese Phänomene, die Waltz in ihrer Bedeutung nicht negiert,[26] sind nach seinem Verständnis Gegenstandsbereich einer Theorie der Außenpolitik. Sein zentrales Erkenntnisinteresse liegt jedoch in der Beantwortung anderer Fragen, wie den folgenden: „[W]hy the range of expected outcomes falls within certain limits"; „why patterns recur" und „why patterns repeat themselves" (Waltz 1979: 69).

In einer Replik auf Colin Elman (1996), der Ende der 1990er Jahre eine neorealistische Theorie der Außenpolitik zu entwickeln versuchte, formuliert Kenneth Waltz mit deutlicher Klarheit das Erkenntnisinteresse, das seiner Theorie zugrunde lag und das eine Theorie der

26 „Structure operates as a cause, but it is not the only cause in play" (Waltz 1979: 87).

Internationalen Politik von einer Theorie der Außenpolitik unterscheidet: „My old horse (gemeint ist die Theory of International Politics, C.M.) cannot run the course (eine Theorie der Außenpolitik zu sein, C.M.) and will lose if it tries" (Waltz 1996: 54). Bei seiner Theorie der Internationalen Politik ging es ihm darum zu erklären, „why states similarily placed (im Internationalem System, C.M) behave similarily despite their internal differences." „That is why the theory is called a theory of international politics." „Differences in behavior arise from differences of internal composition" (Waltz 1996: 56). Die Definition von Struktur darf sich nach Waltz somit nicht auf Charakteristika, Verhalten oder Interaktionen der Akteure beziehen, um genau unterscheiden zu können, ob Prozessergebnisse strukturelle Ursachen haben oder allein mit dem Verhalten der Akteure zu begründen sind.[27]

Die obigen Ausführungen können durch die folgende Grafik verdeutlicht werden, die zeigt, woran Waltz bei der Abfassung seiner „Theory of International Politics" interessiert war:

Grafik 2

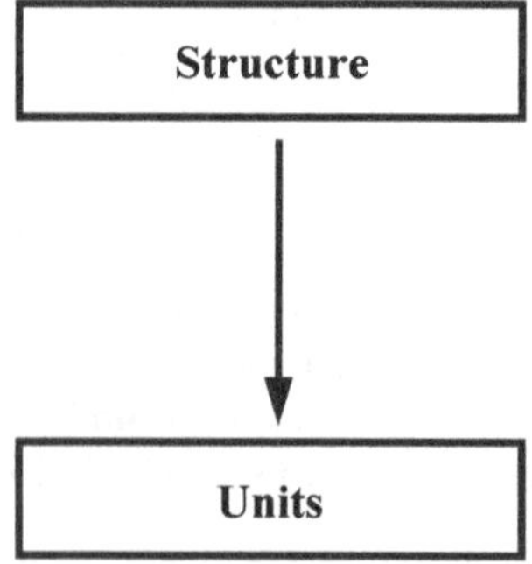

Es geht Waltz in seiner Theorie somit lediglich darum, die Wirkung, die von der Struktur des internationalen Systems auf die interagierenden Einheiten und auf die Einheiten des System selbst ausgehen, zu

27 Vgl. Rossbach (1992: 240).

erklären (ohne dabei zu negieren, dass es auch Einflüsse anderer Art auf die interagierenden Einheiten und die Einheiten gibt, oder zu negieren, dass die Interaktionen der Einheiten sowie die Einheiten selbst einen möglichen Einfluss auf die Struktur haben).

Nachdem Waltz den autonomen Untersuchungsbereich „international political system" eingeführt hat, dem gleichzeitig voneinander getrennte und miteinander verbundene Untersuchungsebenen angehören, wendet er sich ausführlich den Einheiten zu. Ausgangspunkt dabei ist die Annahme, dass „structure defines the arrangement, or the ordering, of the parts of a system" (Waltz 1979: 81).

Welche Einheiten machen nun das System „Internationale Politik" und dessen Struktur aus? Waltz gibt hierauf eine eindeutige Antwort. „States are not and never have been the only international actors. But [...] structures are defined not by all of the actors [...] but by the major ones" (Waltz 1979: 93). Staaten sind somit für Waltz nicht die einzigen, aber die wichtigsten Akteure im System „Internationale Politik". Die Struktur des Systems wird nach Ansicht von Waltz (erstens) durch die Staaten geformt. Dies muss – so konzidiert er – nicht immer so bleiben. Aber so lange „nonstate actors develop to the point of rivalling or surpassing the great powers [...]" (Waltz 1979: 95), bleiben die Nationalstaaten die wichtigsten Akteure des Systems. Der oftmals gegenüber dem Neorealismus geäußerte Vorwurf einer staatszentrierten Ontologie (Nielson/Tierney 2002: 3) verkennt die Tatsache, dass die prominente Stellung des Staates in der neorealistischen Theorie aus seiner empirischen Stellung in der internationalen Politik seit dem Westfälischen Frieden resultiert und weniger aus einer grundsätzlich metaphysischen Betrachtung: „The logic of anarchy obtains, whether the system is composed of tribes, nations, oligolistic firms, or street gangs" (Waltz 1990: 37).

Neben Staaten sind es noch eine Vielzahl anderer Akteurstypen, die nebeneinander existieren und teilweise miteinander interagieren und spezifische Funktionen ausüben. Der staatliche Akteur nimmt jedoch in diesem Beziehungsgeflecht aufgrund seiner verbindlichen Rechtssetzungskompetenz und der „ideellen Bindekraft" (Link 1980: 152), die er für seine Bürger besitzt, nach wie vor eine dominante Position ein. „While from the sociologist‘s perspective government is simply one of many social institutions it is at the same time a precondition of society“ (1959: 227). Denn: „[...] without social regulation there can be no obligation to respect the interests, rights and property of others“ (Waltz 1959: 171). Aufgrund der Abhängigkeit von anderen staatlichen und nicht-staatlichen Akteuren wird seine Souveränität bzw. Autonomie modifiziert, aber nicht aufgehoben. Rein theoretisch ist es somit möglich, dass eines Tages Firmen, Straßengangs, Stämme oder terroristische Gruppen die wichtigsten Einheiten im internationalen System sein werden, deren Aktionen und Interaktionen einen Einfluss auf die Struktur des Systems haben werden. So lange jedoch Staaten über die größten Machtpotentiale verfügen, bleiben sie die wichtigsten Akteure in der Waltzschen Theorie. Es handelt sich mithin eher um eine empirische als um eine ontologische Fragestellung (Masala 2006: 19).

Aus einem Vergleich der Ordnungen des politischen Systems „Staat“ und des Systems „internationale Politik“ gewinnt Waltz wichtige Einsichten, die er für die nähere Definition seines Strukturbegriffs verwendet. Zu diesen Unterschieden zählt die Tatsache, dass staatliche Politik hierarchisch geordnet ist. „The units (die Einheiten des Systems Staat, C.M) stand vis-à-vis each other in relations of super- and subordination“ (Waltz 1979: 81). Dabei nehmen diese Einheiten des Systems Staat spezifische, formal differenzierte Funktionen wahr und wirken, nach Maßgabe von Gesetzen, zusammen (Waltz 1979: 82). Der „Staat“ ist somit arbeitsteilig organisiert.

Der (dritte) Aspekt, den Waltz im System „Staat“ identifiziert, besteht darin, dass die Struktur des Systems von der wechselnden Machtverteilung zwischen den Einheiten des Systems unberührt bleibt. „In the performance of their functions, agencies may gain capabilities or lose them.“ (Waltz 1979: 82).

Nunmehr vergleicht Waltz das System „Staat“ mit dem System „Internationale Politik“ unter der theoretischen Voraussetzung, dass „political structure shapes political process“ (Waltz 1979: 82), dessen Ergebnis ist, dass sie „similarity in process“ erzeugen und so lange bestehen, wie „structure endures“ (Waltz 1979: 87).

In direktem Vergleich zwischen dem System „Staat“ und dem System „internationale Politik“ hält Waltz nunmehr folgendes fest:

1. Das System „Internationale Politik“ ist dezentralisiert und anarchisch. Koordination ist das Ordnungsprinzip (Waltz 1979: 88).

Im Gegensatz zum System „Staat“ verfügt das internationale System über keine zentrale systemweite Autorität, die über den Staaten steht und die Beziehungen der Staaten verbindlich regeln könnte. Auf den ersten Blick erscheint dies paradox. Denn wenn in einem Zustand der Anarchie „security [...] the highest end“ (Waltz 1979: 126) ist, dann müssten die Staaten des Systems eigentlich bestrebt sein, ihre Sicherheit systemweit durch die Etablierung einer zentralen Autorität zu gewährleisten, zu deren Kompetenzen wirksame Sanktionsmittel gegenüber Friedensbrechern gehören. Denn: „States cannot entrust managerial powers to a central agency unless that agency is able to protect its client states" (Waltz 1979: 112). Doch mit der Etablierung eines Staates auf der Ebene des internationalen Systems würde es unweigerlich zu einem Spannungsverhältnis zwischen der „Zentrale“ und den ihr gegenüberstehenden und teils untergeordneten Staaten mit den stärksten Machtpotenzialen kommen. „The more powerful the clients and the more the power of each of them appears as a threat to the others, the greater the power lodged in the center must be. The greater the power of the center, the stronger the incentive for states to engage in a struggle to control it“ (Waltz 1979: 112).

Daraus folgt, dass Autonomie bzw. Unabhängigkeit, neben Sicherheit zu den obersten Zielen staatlichen Handelns gehört.

Während Anarchie in „Man, the State and War“ noch als eine „permissive cause“ (Tellis 1995:78) beschrieben wird, die Staaten die Wahl zwischen einer Vielzahl von Verhaltensmustern gibt, die alle mit ihrem Streben nach Sicherheit erklärt werden können, erfährt das Konzept der Anarchie in „Theory of International Politics“ eine entscheidende Modifikation. Nunmehr wird der Anarchie die Wirkung zugeschrieben „to shape and shove“ (Waltz 1986: 343). Anarchie ist nicht mehr länger die Beschreibung der konditionierenden Rahmenbedingungen unter denen Staaten agieren und interagieren, sondern der anarchische Zustand des internationalen Systems kann das „Fehlverhalten“ von Staaten ex post bestrafen (Tellis 1995: 79).

Supranationale und internationale Organisationen, deren Existenz Waltz keinesfalls übersieht, verfügen nicht über systemweite Autorität. Sie sind in ihrer Funktionsweise abhängig von der Unterstützung und Einwilligung der – aufgrund ihrer Machtpotenziale – größten Staaten. „[A]uthority quickly reduces to a particular expression of capability“ (Waltz 1979: 88).

Als zweites Ergebnis des direkten Vergleiches zwischen dem System „Staat” und dem System „Internationale Politik“ konstatiert Waltz:

2. Die Einheiten des internationalen Systems nehmen innerhalb des Systems keine formal differenzierten Funktionen wahr. Es gibt im internationalen System keine formale Arbeitsteilung zwischen den Einheiten (Waltz 1979: 93).

Der Zustand der Anarchie sorgt dafür, dass sich die Staaten funktional gleichen, indem sie mehr oder weniger die gleichen Aufgaben erfüllen, die dazu dienen, das Überleben des Staates zu sichern. Dies bedeutet jedoch nicht, dass sich aufgrund der unterschiedlichen Verteilung der Machtpotenziale zwischen den Einheiten, de facto Funktionsspezifizierungen herausbilden können, womit wir beim letzten Ergebnis des Vergleiches angelangt wären:

3. Der entscheidende strukturelle Aspekt in dem System „Internationale Politik“ ist die Verteilung der Machtpotenziale zwischen den Einheiten (Waltz 1979: 97).

Die relative Positionierung der Staaten ergibt sich nach Maßgabe der Verteilung der Machtpotenziale innerhalb des Systems. Sie ist bestimmend für die Aktionen und Interaktionen der Staaten (der Einheiten) auf der Prozessebene. Die Staaten mit den größten Machtpotenzialen bestimmen die Struktur des internationalen Systems. Waltz schließt sich jedoch nicht der gängigen Machtdefinition von Dahl (1957) an, wonach Macht die Möglichkeit eines Akteurs bedeutet, andere Akteure zu Handlungen zu bewegen, die diese andernfalls nicht unternommen hätten. Aus seiner Sicht ist diese Definition für die Analyse politischer Prozesse (und Waltz meint damit zuvorderst politische Prozesse in der internationalen Politik) unbrauchbar, da Politik

„preeminently" (Waltz 1974: 13) der Bereich von unintendierten und unerwarteten Konsequenzen ist. Für Waltz besteht Macht darin, dass Staaten (oder ein Staat) die Politik anderer Staaten stärker beeinflussen, als jene ihre eigene Politik (Waltz 1979: 192). Diese Beeinflussung muss nicht aktiv erfolgen. Ein Staat kann die Politik anderer Staaten allein durch seine hervorgehobene Stellung im internationalen System beeinflussen, ohne dass er andere Staaten aktiv zur Befolgung seiner Vorstellungen zwingen muss. Macht ist für Waltz ein Mittel, das jeder Staat benötigt, aber das Ergebnis, das der Einsatz von Machtmitteln zeitigt, ist stets ungewiss, da das Resultat staatlichen Handelns durch die Umgebung, in der es stattfindet, beeinflusst wird. „To measure power by compliance", so lautet demzufolge die Kritik Waltz' an Dahl „rules unintended effects out of consideration, and that makes much of the politics out of the politics." „[...] Power has to be defined in terms of the distribution of capabilities; the extend of one's power cannot be inferred from the results one may or may not get" (Waltz 1979: 192).

Die unintendierten Effekte sind es auch, die dazu führen, dass Waltz die Auffassung vertritt, dass es für seine Theorie nicht notwendig ist, von der Annahme des Staates als rational handelndem Akteur auszugehen (Waltz 1979: 76-77), obgleich er an anderer Stelle zugibt, dass Staaten insofern rational sind, als sie „sensitive to costs" (Waltz 1981, 1986) sind. Gleichwohl sagt Waltz, dass das internationale System theoretisch durchaus als eines gedacht werden kann, in dem Staatsmänner und Staatsfrauen rational handelnde Akteure sind, da Prozesse der Sozialisation und der natürlichen Selektion diejenigen, die nicht gemäß der konditionierenden Bedingungen, die aus der anarchisch-dezentralisierten Struktur des Systems herrühren handeln, von dem System bestraft werden (Waltz 1979: 74-77; 107-111; 127-128).

Anders als für kleine Staaten ist Macht für Großmächte fungibel, da sie über eine große Bandbreite an Machtmitteln verfügen (Waltz 1986: 333). Die Staaten mit den größten Machtpotenzialen sind für Waltz die „principal units", die „great powers" oder die „major units." Die Anzahl der existierenden Großmächte bestimmt die Polarität des Systems, die nach Waltz zwei Ausprägungen haben kann: multi- oder bipolar (Waltz 1979: 98). Wichtig ist hierbei festzuhalten, dass sich die Polarität für Waltz nach Maßgabe der Machtverteilung zwischen den Staaten und nicht zwischen Staatenblöcken oder Allianzen zwischen Staaten bestimmt. Eine bipolare Machtverteilung existiert für ihn nur, wenn es zwei mächtige Staaten gibt und die Machtfülle dieser Staaten durch dritte Staaten nicht herausgefordert werden kann. Wenn sich mehrere mächtige Staaten zu konkurrierenden Allianzen zusammenschließen, ist die Struktur des internationalen Systems für Waltz eine multipolare (Waltz 1979: 98).

Was sind jedoch im Waltzschen Verständnis capabilities, und wie können sie gemessen werden? Wann ist ein Staat für Waltz eine Großmacht?

Für die Einstufung eines Staates als Großmacht ist nach Waltz zunächst die Fähigkeit entscheidend, auftretende Probleme aller Art lösen zu können (Waltz 1979: 129). Dafür reicht es nicht aus, dass ein Staat in einem bestimmten Bereich eine Spitzenposition einnimmt, sondern die Rangfolge der Staaten hängt davon ab: „on how they score on all of the following items" (Waltz 1979: 131). Zu diesen Bereichen zählen: Bevölkerungsgröße, territoriale Größe, Ressourcen, Wirtschaftskraft, militärische Stärke sowie politische Fähigkeit und Stabilität. Waltz belässt es bei der Aufzählung dieser Parameter, ohne sich weitergehend über Fragen der Messbarkeit sowie der Gewichtung zu äußern. Waltz Antwort auf die Frage, wann ein Staat ein Pol ist, lautet, dass dies zuvorderst eine empirische Frage ist, die durch den gesunden Menschenverstand beantwortet werden muss (Waltz 1979: 131). Denn: „The [...] difficulty of counting great powers arose not from the problems of measurement but from confusion about how polarities should be defined" (Waltz 1979: 131). Generell ist die Frage nach Großmächten für Waltz eine empirische und keine theoretische, weswegen er Problemen der Operationalisierung und Messung von Macht keinerlei Aufmerksamkeit schenkt und gerne zugesteht, dass seine Machtdefinition „insufficient" (Waltz 1986: 333) sei. Für seine Theorie genügt der Verweis darauf, dass es – aufgrund der unterschiedlichen Verteilung der Machtmittel – Ungleichheiten zwischen den Staaten gibt, sowie darauf, dass seit dem Westfälischen Frieden (1648) lediglich „[...] eight major states at most have sought to coexist peacefully or have contended for mastery" (Waltz 1979: 131). Aus dieser Perspektive kann internationale Politik in der Logik eines „small number system" (Waltz 1979: 131) analysiert werden.

Die aus der Systemstruktur resultierende Anarchie sorgt jedoch nicht nur für die funktionale Gleichartigkeit der Staaten, unabhängig von deren Machtpotenzialen, sondern auch für die funktionale Gleichartigkeit der Prozesse zwischen den Staaten (Waltz 1979: 87). Veränderungen der Systemstruktur können nach Waltz nur aus einem Wechsel des Koordinationsprinzips (von der Anarchie zur Hierarchie) oder durch einschneidende Veränderungen in der Machtverteilung zwischen den Einheiten entstehen. Nimmt die Anzahl der Großmächte zu oder ab, so ändert sich die Systemstruktur. Die Verteilung der Machtmittel ist somit, obgleich Macht ein Attribut der Einheiten darstellt, eine systemweite Komponente. „Although capabilities are attributes of units, the distribution of capabilities across units is not. The distribution of capabilities is not a unit attribute, but rather a system-wide concept" (Waltz 1979: 98).

Aus dieser klaren analytischen Trennung von Struktur und deren Einheiten (*units*) resultiert dann auch die Frage, wie die Struktur das Verhalten der Einheiten beeinflusst und wie die Einheiten die Struktur beeinflussen (Waltz 1979: 40). Diese definitorische Unterscheidung wird von Waltz anhand einer grafischen Darstellung verdeutlicht, die hier wiedergegeben und erläutert werden soll.

Grafik 3

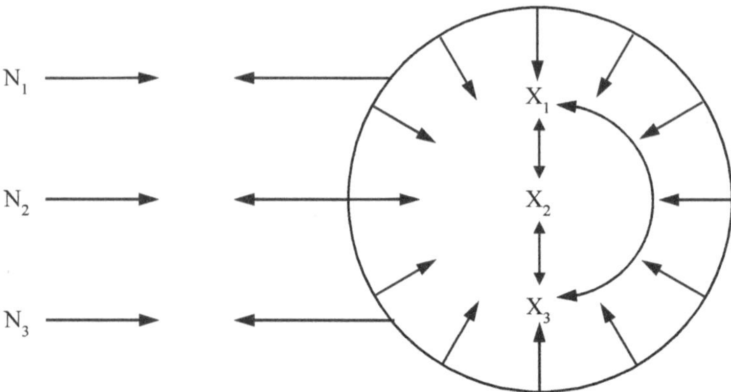

$N_{1,2,3}$ steht für die Einheiten, insofern diese aufgrund ihrer internen Eigenschaften eine bestimmte Politik verfolgen.

$X_{1,2,3}$ bezeichnet diese Einheiten, insofern sie extern handeln und somit Außenpolitik betreiben

Der Kreis repräsentiert die Struktur des internationalen Systems. Die Pfeile, die von ihm ausgehen, deuten darauf hin, dass diese Struktur sowohl die Interaktionen der Staaten beeinflusst als auch deren interne Eigenschaften, während die Pfeile, die von $N_{1,2,3}$ auf die Struktur zeigen, dahin gehend interpretiert werden müssen, dass die Einheiten auch die Struktur beeinflussen.

Waltz hat diese Wechselwirkung zwischen Struktur und Einheiten in späteren Aufsätzen, zuletzt 1997, stets betont (1990a: 36; 1997: 914). Analytisch erscheint es ratsam, zwischen System, *interacting units* und *units* zu unterscheiden, wobei – unter Rückgriff auf die oben wiedergegebene Grafik – N für *units*, X für das Außenverhalten der *units* und die Pfeile zwischen X_1, X_2 und X_3 für die Interaktionen der Einheiten stehen soll.

Die strikte analytische Trennung zwischen Struktur, Prozess und Einheiten ist für Waltz von fundamentaler Bedeutung, denn nur so ist es möglich, Ursache und Wirkungsverhältnisse klar voneinander zu unterscheiden. „Failure to mark and preserve the distinction between structure on the one hand, and units and processes, on the other, makes it impossible to disentangle causes of different sorts and to distinguish between causes and effect“ (Waltz 1979: 78).

Die Nähe zur mikroökonomischen Theorie, auf die Waltz bei der Erläuterung seines eigenen theoretischen Verständnisses immer wieder verweist, ist evident. Das Anliegen der mikroökonomischen Theorie ist es nicht, die Entscheidungen von Firmen zu erklären, sondern die „constraints and incentives they face and the outcomes that their acts and interactions produce“ (Waltz 1982: 681).

Die Etablierung des internationalen Systems als eigenständige Analyseebene erlaubt es Waltz auch, andere Ansätze, die internationale Politik durch die interne Struktur von Staaten oder durch die menschliche Natur erklären wollen, als reduktionistisch zu bezeichnen, da sie den Einfluss, den die Struktur des internationalen Systems auf das Verhalten der Einheiten dieses Systems hat, bei ihren Analysen ausklammern bzw. ihr nicht die entscheidende Erklärungsfunktion zuweisen.

Grafik 4: Reduktionistische Ansätze

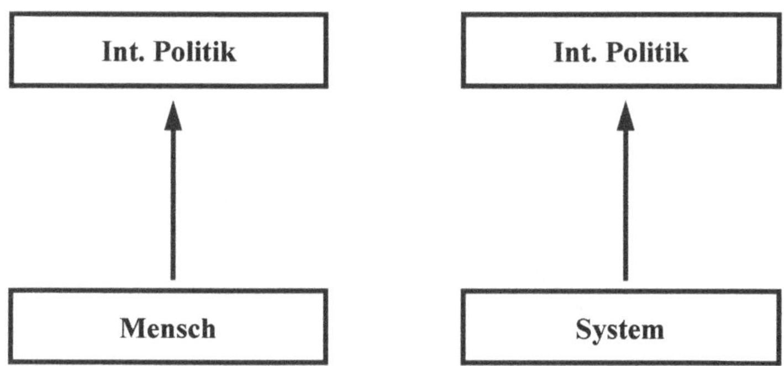

Grafik 5: Waltz

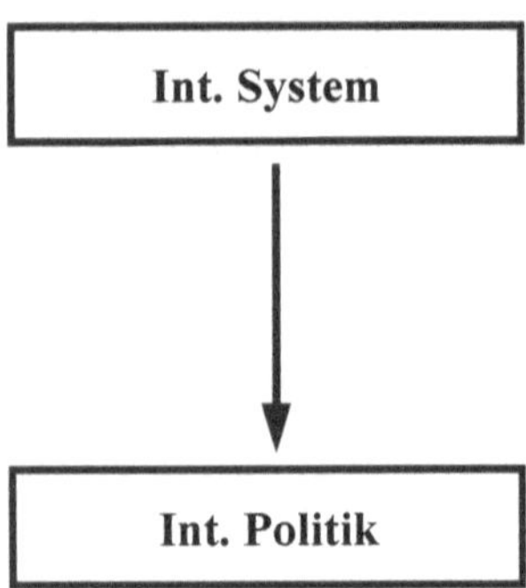

Kontrollfragen zu Kapitel 2.3

- Warum ist es nicht angebracht, Waltz als „Systemtheoretiker“ zu bezeichnen?
- Wo liegen die wichtigsten Unterschiede zwischen dem „klassischen“ Realismus und dem Neorealismus von Kenneth Waltz?
- Welches zentrale Erkenntnisinteresse verfolgt Waltz mit der „Theory of International Politics“?
- Wodurch ist nach Waltz die Struktur des internationalen Systems charakterisiert?
- Was ist der Unterschied zwischen System und Prozess?
- Warum sind Staaten bei Waltz die wichtigsten Akteure?
- Wie definiert Waltz Macht, und worin besteht der Unterschied zu der Definition von Dahl?
- Was sind Machtmittel und wann ist ein Staat eine Großmacht?
- Warum kann Internationale Politik nach Waltz als ein „small-number- system“ analysiert werden?
- Was bezeichnet Waltz als reduktionistische Ansätze der Internationalen Politik?

Nachdem Waltz das internationale System als einen eigenständigen Analysebereich definiert hat, stellt sich für ihn in einem zweiten Schritt die Frage, ob innerhalb dieses Bereiches politische Gesetzmäßigkeiten beobachtbar sind. Seine eindeutige Antwort auf diese Frage lautet: „If there is any distinctively political theory of international relations, balance of power theory is it“ (Waltz 1975: 36, Waltz 1979: 117). Balance of Power ist für Waltz einer der neorealistischen Lehrsätze (Waltz 2000a: 27).

2.4 Balance of Power und Hegemonie[28]

Um die Waltzsche Balance of Power-Theorie in ihrer Innovation richtig einordnen zu können, muss zunächst danach gefragt werden, was Balance of Power bedeutet und auf welchen empirischen bzw. historischen Beobachtungen Balance of Power-Theorien vor Waltz beruhten.

Insbesondere Hans Morgenthau, Martin Wight und Ines L. Claude haben in ihren Arbeiten diese Fragen zu beantworten versucht. Martin Wight hat drei Vorbedingungen für ein Balance of Power-System formuliert (1973: 86): Es müssen souveräne Staaten existieren, die in einem diplomatischen System operieren, das einen regelmäßigen Informationsfluss bereitstellt, und es muss zwischen diesen Staaten ein hinreichendes Maß an gemeinsamen Interessen (hinsichtlich der Aufrechterhaltung der Stabilität des Systems) geben. In seiner historisch-politischen Analyse der Machtkämpfe im Italien des 14. und 15. Jahrhunderts macht Wight auf den Zusammenhang zwischen Hegemoniestreben und Balance of Power aufmerksam. Diesen Zusammenhang hat vor Wight bereits Ludwig Dehio untersucht, allerdings für die Zeit nach der Entstehung des modernen Staatensystems, genauer gesagt, vom Beginn des Hegemonialstrebens Karls V. bis zum Scheitern des deutschen Hegemonialstrebens unter Hitler (Dehio 1996). Aufgrund seiner Analyse folgert Dehio: „Es ließe sich wohl eine Geschichte des Abendlandes denken, die alles Geschehen in einen Zusammenhang brächte mit den beiden formalen Prinzipien der Einheit und der Vielheit. Könnte man doch sagen, dass seit über einem Jahrtausend ein Hin- und Herpendeln statthabe zwischen der

28 Dieses Kapitel stützt sich im Wesentlichen auf die Vorarbeiten von Link (1988a) und Düsberg (1992: 4-12).

Tendenz zur Vereinheitlichung, die aber nie zur völligen Einheit führt, und der Tendenz zur Aufsplitterung, die aber nie zur völligen Auflösung fortschreitet" (Dehio 1996: 21). Unabhängig davon, welche der von Dehio beschriebenen Tendenzen nun gerade vorherrschend war, Allianzbildung gehörte zur Politik dieser Staaten. Und für Wight war und ist Allianzpolitik Balance of Power-Politik.

Durch das bisher Gesagte ist aber deutlich, dass sowohl der Balance of Power-Begriff als auch der Hegemoniebegriff definitorischer Präzisierung bedürfen. Denn Dehios Analyse legt auf den ersten Blick die Vermutung nahe, dass sowohl die Politik Karls V. als auch die Politik Hitlers mit dem Begriff Hegemonie klassifiziert werden können, somit auch aggressiv-imperialer Herrschaftsanspruch, der mit einer gewaltsamen Unterdrückung von Staaten einhergeht, als Hegemonialpolitik bezeichnet werden kann. Dies steht aber in einem Widerspruch zur etymologischen Bedeutung des Wortes (griech. hegemonia), welches am besten mit „Führung" übersetzt werden kann. Eine klare Definition von Hegemonie sollte Rückgriff auf die Studie von Heinrich Triepel nehmen. Dieser hat durch die Gleichsetzung von Hegemonie mit „Führung" Hegemonie in klarer Weise abgegrenzt von Herrschaft, die sich in verschiedenen Formen, wie Diktatur, Despotie oder Imperialismus, manifestieren kann. „Der echte Führer [...] arbeitet niemals mit echtem Befehl und echtem Zwang [...] Führung ist energische, aber gebändigte Macht. Die Bändigung kann von verschiedenen Seiten kommen. Von außen: entweder die Gegenwirkung von Machtunterworfenen, die sich der vollen Auswirkung des Machtwillens widersetzen oder von einer dritten Macht, die beiden, sowohl dem nach Macht Strebenden wie seinen Gegenspielern, überlegen ist" (Triepel 1938: 40-41). Darüber hinaus ist Hegemonie nach Triepel noch durch einen zweiten „Wesenszug" charakterisiert, der über die Stellung der Führung im Machtsystem entscheidet. „Führung und Autorität [sind] notwendig miteinander verbunden. [...] Es gibt Herrschaft ohne Autorität, aber echte Führung besitzt immer Autorität. Das ergibt sich von selbst aus der dialektischen Einheit von Führung und Nachfolge. Denn Nachfolge ist ja eben Unterwerfung unter die Macht kraft der Freiheit." (Triepel 1938: 44). Im Verständnis von Triepel ist Führung somit immer auf die „freie Anerkennung des Beherrschten" gestützt. Sie ist somit ein „Mittel der Integration" (Triepel 1938: 135).

In diesem Sinne können Balance of Power und Hegemonie auch durchaus parallel auftreten und aufeinander bezogen sein. Hegemonie ist demnach die Führung einer Staatengruppe durch deren stärkstes Mitglied zum Zwecke der Abgrenzung von anderen Staaten oder Staatengruppen, wobei die herausragenden Machtpotenziale des Hegemons diejenigen einer einzelnen oder mehrerer konkurrierender Mächte auszugleichen, somit zu balancieren, sucht (Kaufman/Little/Wohlforth 2007: 6-16).

Nachdem der Begriff Hegemonie definiert wurde, gilt es nun, sich einer definitorischen Erfassung von Balance of Power zu nähern. Martin Wight (1966) identifiziert aus der empirischen Literatur zum Gleichgewicht folgende neun Bedeutungen von Balance of Power in der Internationalen Politik:

1. Eine ausgeglichene Machtverteilung innerhalb des internationalen Systems.
2. Das Prinzip, demzufolge Macht in etwa gleich verteilt sein sollte.
3. Die zu einem bestimmten Zeitpunkt tatsächliche Machtverteilung.
4. Das Prinzip, demzufolge sich die Großmächte auf Kosten schwächerer Staaten zu gleichen Teilen vergrößern sollten.
5. Das Prinzip, wonach aus der Sicht einer Großmacht Macht akkumuliert werden muss, um der Gefahr einer eintretenden Machtungleichverteilung vorzubeugen.
6. Eine seitens einer Großmacht bewusst initiierte Politik „to hold the balance of power" (Wight 1966: 159).
7. Ein spezieller Vorteil, der sich innerhalb einer gegebenen Machtverteilung für den Balancer ergibt.
8. Vorherrschaft.
9. Eine der internationalen Politik inhärente Tendenz zur Ausbildung einer in etwa ausgeglichenen Machtverteilung.

Die neun Arten der Balance of Power machen deutlich, dass mindestens drei verschiedene Bedeutungen mit diesem Begriff verbunden sind. Ein Zustand (Punkt 1-3), eine bewusst betriebene Politik (4-8) sowie eine dem internationalen System inhärente Tendenz (Punkt 9), „that the even distribution of power will come about, over the widest field and in the long run, through a fundamental law or tendency of political force to fall into equilibrium“ (Wight 1966: 156). Waltz' Ziel ist es, die neunte Bedeutung der Balance of Power im Sinne einer konditionierenden Wirkung, die vom internationalen System auf die agierenden und interagierenden Einheiten ausgeht, zu erklären.

Bevor darauf im nächsten Kapitel genauer eingegangen wird, gilt es noch, auf eine wichtige Unterscheidung aufmerksam zu machen, die Inis Claude bei seiner Beschäftigung mit dem Thema „Balance of Power“ vorgenommen hat. Er betont die Notwendigkeit einer analytischen Trennung von Balance of Power als einer „situation of equilibrium“ von Balance of Power als „a system of states engaged in a competitive manipulation of power relationships among themselves“. Claude unterscheidet somit zwischen einem Zustand der Balance of Power und einem dynamischen Balance of Power-Prozess (Claude 1989). Die kurzen Ausführungen zur Balance of Power haben deutlich gemacht, dass der Begriff Balance of Power als analytischer Terminus unscharf ist. Den meisten hier präsentierten Bemühungen zur Definition der Balance of Power ist gemein, dass sie Gleichgewicht in einem relativ statischen Sinne verstehen. Ein Gleichgewicht zwischen zwei oder mehr Staaten existiert nur dann, so die Auffassung der meisten Autoren, wenn diese Staaten annähernd gleich stark sind.

Legt man ein solches Verständnis von Balance zugrunde, so ließen sich nur wenige historische Situationen identifizieren, in denen ein Gleichgewicht zwischen zwei oder mehr Staaten vorherrschte. Sinnvoller erscheint es dagegen, eine dynamische Definition von Balance zu benutzen, die auf Friedrich von Gentz rekurriert und die im deutschen Sprachraum von Werner Link wieder entdeckt und verwendet wurde. Gentz (und Link) zufolge zeichnet sich die Balance zwischen

Staaten dadurch aus, dass „jedem Gewicht in der politischen Masse irgendwo ein Gegengewicht" entspricht (Gentz, zitiert bei Link 2001: 16). Ziel eines solchen „système de contrepoids" (Gentz, zitiert bei Link 2001: 16) sei es, entweder die Hegemonie eines Staates zu verhindern oder die negativen Wirkungen existierender Übergewichte zu neutralisieren (Link 2001: 17).

Nachdem die Balance of Power-Debatte vor Waltz kurz skizziert und die zentralen Begriffe Balance of Power und Hegemonie definiert wurden, gilt es, der Frage nachzugehen, wie Waltz die Balance of Power, die als Gesetz im Zentrum seiner Theorie der Internationalen Politik steht, erklärt.

2.5 Balance of Power bei Waltz

Der Ausgangspunkt für die Beschäftigung mit der Balance of Power ist, wie bereits erwähnt, die Frage, ob es politische Gesetze der Politik gibt und politische Theorien, die diese Gesetze erklären können. Um diese Frage zu beantworten, wendet sich Waltz Niccolò Machiavelli zu, der als erster die Autonomie des Politischen postuliert hat. Zwar entwickelte Machiavelli nach Waltz' Auffassung keine Theorie der Internationalen Politik, da er induktiv vorging und sein Ausgangspunkt die Frage nach Staatsentstehung und ihrer säkularen Legitimierung gewesen ist, aber bei Machiavelli – so konzediert Waltz – lassen sich theorieähnliche Elemente finden.[29]

Machiavelli definiert laut Waltz Politik als einen autonomen Bereich. Ferner eliminiert er die menschliche Natur als explanatorische bzw. unabhängige Variable, die zur Erklärung des auswärtigen Verhaltens herangezogen werden kann. Denn für Machiavelli sind alle Menschen schlecht; die menschliche Natur ist somit konstant. Ausgehend von dieser Annahme folgt die Einsicht, dass der Rekurs auf die menschliche Natur Varianzen im Verhalten von Staaten nicht erklären kann. „For Machiavelli human nature is important; but it has the importance of a constant, not of an explanatory or independent variable" (Waltz 1975: 35).

29 Eine andere Auffassung vertreten Sullivan (1973) und Link (1988b).

Obgleich Machiavelli nach Waltz keine Theorie der Internationalen Politik entwickelt hat, gesteht er ihm zu, dass er eine generelle Haltung gegenüber der Politik eingenommen hat, die ihn bei seiner Suche nach politischen Gesetzmäßigkeiten leitete. Diese generelle Haltung, wie Waltz sie nennt, die unter dem Begriff Realpolitik Eingang in die Literatur gefunden hat, enthält folgende zentrale Elemente: Die Interessen der Fürsten bzw. später der Staaten sind der Ursprung aller politischen Handlungen. Die Notwendigkeit zur Außenpolitik entspringt aus dem ungeregelten Nebeneinander der Staaten und das Ziel aller Politik ist der Erfolg, der definiert ist durch die Fähigkeit, das Überleben des Staates zu sichern und ihn zu stärken (Waltz 1975: 35). Die Realpolitik, die Machiavelli entwickelt, verweist auf die Methode außenpolitischen Handelns und bietet zugleich auch den Grund für dieses.

Balance of Power ist bei Machiavelli das internationale Resultat, das durch dieses Verhalten angestrebt, produziert und reproduziert wird (Waltz 1975: 36).

Obgleich die Balance of Power eine der am weitesten verbreiteten Annahmen in der akademischen Disziplin der Internationalen Politik sei, herrsche doch vielfach Unklarheit über die Frage, was die Balance of Power ist und wodurch sie zustande komme, stellt Waltz mit Verweis auf Haas (1953), Wight (1966) und Morgenthau (1963) fest. Ihm geht es nunmehr darum, „[to] cut through such confusion“ (Waltz 1975: 36). Die Rekonstruktion der Balance of Power als Theorie der Internationalen Politik erfolgt bei Waltz anhand der von ihm aufgestellten Kriterien für jede Theorie.

Die zentrale Annahme für eine Balance of Power-Theorie ist, dass Staaten einheitliche Akteure (*unitary actors*) sind, deren Minimalziel das eigene Überleben und deren Maximalziel die universelle Dominanz ist. Um diese Ziele mit den zur Verfügung stehenden Mitteln zu verfolgen, haben Staaten, „or those who act for them“ (Waltz 1975: 36) zwei Möglichkeiten: interne (Aufrüstung, Stärkung der Volkswirtschaften, Entwicklung besserer Strategien) und/oder externe Machtsteigerung (Allianzbildung oder Eroberung). Da Strategien der externen Machtsteigerung mindestens dreier Staaten bedürfen (zwei die eine Allianz gegen einen dritten eingehen), ist eine in der Literatur weitverbreitete Annahme, dass ein Balance of Power-System mindestens dreier Akteure bedarf. Diese Annahme weist Waltz (1975: 36) als falsch zurück. „[...] for in a two-power system the politics of balance continue by the way to compensate for an incipient external disequilibrium is primarily by intensifying one's internal efforts" (Waltz 1975: 36-37).

Die Annahmen für seine Balance of Power-Theorie ergänzt Waltz nunmehr um die Bedingungen ihrer Funktionsweise: Zwei oder mehr Staaten ko-existieren in einem Selbsthilfesystem ohne übergeordnete Zentralgewalt, die einem schwachen Staat zur Hilfe eilen oder einen Staat von dem Einsatz von Machtmitteln abhalten kann, die dieser zur Verfolgung seiner eigenen Interessen einsetzt.

Aufbauend auf diesen Annahmen und diesen Bedingungen entwickelt Waltz seine Theorie. Sie beschreibt die konditionierenden Bedingungen, die von diesem System ausgehen, und deutet das zu erwartende Ergebnis des Verhaltens der Akteure in diesem System an: „namely, the formation of balances of power" (Waltz 1975: 37). Dabei ist Waltz' Balance of Power-Theorie nicht deterministisch zu verstehen. Waltz erwartet eine starke Tendenz in Richtung Balance of Power, doch konzidiert er auch, dass Staaten *bandwagoning* (Anlehnung an die übermäßige Macht) betreiben können, wenn interne oder externe Machtsteigerungen nicht möglich sind. Da jedoch das primäre Interesse von Staaten darin liegt, ihre Position im internationalen System beizubehalten (Waltz 1979: 126), ziehen es Staaten vor, *balancing* zu betreiben.

Die Herausbildung der Balance of Power gilt für Waltz nicht nur für die Beziehung zwischen Großmächten, sondern „can be applied to any set of competing states" (Waltz 1975: 37), womit der Balance of Power eine raum- und zeitübergreifende Gültigkeit zugewiesen wird. Lediglich in einem Nebensatz deutet Waltz an, dass es im Verhältnis zwischen Großmächten und „kleineren" Staaten durchaus Ausnahmen von dieser Regel geben kann, die einer detaillierteren Analyse bedürfen. Er belässt es jedoch bei diesem Hinweis.

Waltz' Balance of Power-Theorie will somit ein Resultat zwischenstaatlicher Politik erklären, welches unabhängig von staatlichen Motiven eintreten kann. „According to the theory, balance of power tend to form whether some or all states consciously aim to establish and maintain a balance or whether some or all states aim for universal domination" (Waltz 1975: 38). Damit grenzt sich Waltz von den Balance of Power-Theoretikern vor ihm ab, die als eine der Grundbedingungen für die Herausbildung von Gleichgewichtssystemen den Willen staatlicher Akteure zur Schaffung solcher Gleichgewichtssysteme ausmachten (vgl. Morgenthau 1963: 219-220). Nicht die Motive der Akteure, sondern die Systemstruktur sorgt somit dafür, dass „balances of power recurrently forms" (Waltz 1979: 128).

Die Systemstruktur sorgt für ständig neue Wettbewerbsbedingungen (Waltz 1986), unter denen die einen Staaten erfolgreicher und die anderen Staaten weniger erfolgreich ihre Ziele verwirklichen können. Diejenigen Staaten, die weniger erfolgreich sind, orientieren sich in ihrem Verhalten dabei an den erfolgreichen Staaten. Sie „imitieren" (Waltz 1979: 128) das Verhalten der erfolgreichen Staaten. Die Folge dieser Imitationsprozesse ist, dass sich Staaten immer mehr aneinander angleichen und Partner zur Unterstützung ihrer Ziele bzw. zum „Ausgleich ihrer Nachteile" (Düsberg 1992: 20) suchen. Die Systemstruktur bewirkt die Sozialisation ihrer Einheiten. Da die Staaten bei dieser Anpassung jedoch ohne zentrale systemweite Autorität agieren und interagieren, führen die Versuche der Staaten, ihre Position im internationalen System zu erhalten bzw. sie zu verbessern, oftmals zum Konflikt zwischen Staaten, der in der extremsten Form seiner Austragung in einen Krieg münden kann.[30]

Da die Ergebnisse und Folgen der permanenten staatlichen Aktionen und Interaktionen von den Akteuren nicht absehbar sind, führt diese strukturelle Unsicherheit dazu, dass sich eine Balance of Power her-

30 Waltz definiert Konflikt in Anlehnung an Kurt Singer (1949) als kritischen Spannungszustand, der durch das Auftreten miteinander unvereinbarer Tendenzen gekennzeichnet ist und die Struktur des Beziehungszusammenhanges gefährdet (Waltz 1971). Werner Link (1988a) hat als erster die strukturelle Theorie von Waltz mit der Konflikttheorie von Singer verknüpft und empirisch anhand des Ost-West-Konflikts überprüft.

ausbildet (Waltz 1979: 11-118). Balance of Power stellt sich für Waltz deshalb „quasi-automatisch“ ein, da die Bewahrung der nationalen Sicherheit das oberste Ziel staatlichen Handelns ist. Der Zustand der Unsicherheit, in dem die Staaten im internationalen System agieren und interagieren, ist die Folge der Ungewissheit und der unvollständigen Informationen der Staaten darüber, welche möglichen Absichten die anderen Akteure für die Zukunft hegen und welche möglichen Aktionen sie zur Verfolgung dieser Absichten planen. Da jeder Staat im internationalen System für seine Sicherheit allein verantwortlich ist und dies auch sein will, ist er bestrebt, eine zu große Abhängigkeit von anderen Staaten zu vermeiden. Bei dem Versuch, für seine Sicherheit selbst Sorge zu tragen (durch vermehrte Rüstungsanstrengungen und/oder Allianzbildung), werden die anderen Akteure wiederum verunsichert und fühlen sich bedroht. Unter den Bedingungen struktureller Unsicherheit über das Verhalten und die Absichten anderer Staaten unternehmen die anderen Akteure ihrerseits (Gegen-) Anstrengungen zur Gewährleistung ihrer eigenen Sicherheit. Grafisch kann diese Situation wie folgt dargestellt werden:

Grafik 6

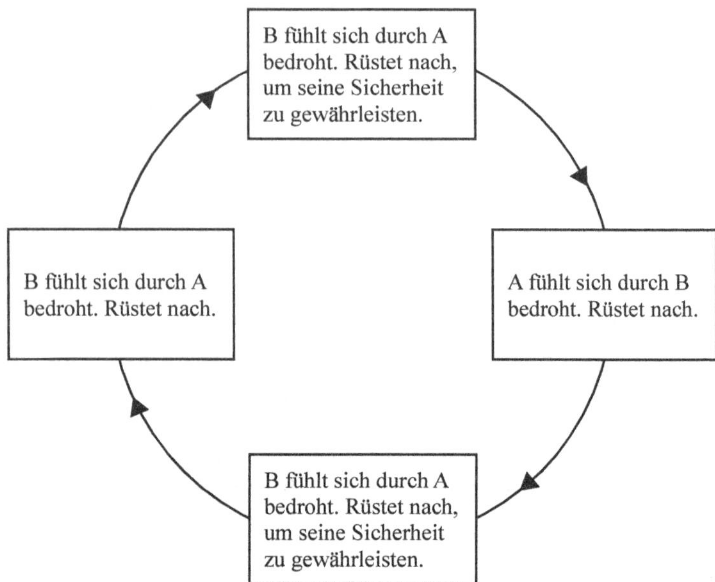

Dieses Macht- und Sicherheitsdilemma (Herz 1950; Jervis 1978), in dem sich jeder Staat im internationalen System befindet, führt quasiautomatisch zu ständigen Macht- und Gegenmachtbildungen im internationalen System.

Im Gegensatz zu den Einheiten eines vertikal-hierarchisch, arbeitsteiligen Systems kann es sich kein Staat im internationalen System erlauben, all seine Aktivitäten und Mittel für die Erlangung eines möglichen absoluten Vorteils in einem bestimmten Sachbereich einzusetzen; die Sicherung bzw. die Steigerung der eigenen relativen Gesamtstärke im System muss vielmehr Vorrang haben, will ein Staat die real existierenden Ungleichheiten zwischen Staaten nicht noch zu seinen Ungunsten vergrößern.

Aus diesem Grunde versuchen Staaten, den Grad der Abhängigkeit gegenüber anderen Staaten so gering wie möglich zu halten und dort, wo Abhängigkeiten existieren, streben sie danach, diese zu kontrollieren (Waltz 1979: 106).

Die Systemstruktur gibt dabei jeweils die Anreize für die Art des Verhaltens, denn sie „[...] encourages certain behaviors and penalizes those who do not respond to the encouragement“ (Waltz 1979: 106).

An allererster Stelle stehen dabei für die Staaten Fragen der eigenen, nationalen Sicherheit, denn Sicherheit ist die Grundlage für Autonomie und Wohlfahrt (Waltz 1979: 126). Aus dieser prominenten Stellung, die militärische Sicherheit bei Waltz einnimmt, versteht sich auch, dass die militärischen Potenziale von Staaten für die Frage der systemweiten Machtverteilung einen höheren Stellenwert einnehmen, als die anderen *capabilities*, über die Staaten verfügen. Denn ein Staat, der über keine großen Militärpotenziale verfügt, wohl aber über eine starke Ökonomie, politische Stabilität, ein großes Territorium etc., bleibt „vulnerable to other countries that have the means that it lacks“ (Waltz 1993a: 192).

Die strukturbestimmenden Großmächte dienen für Waltz als die „Pole“ und „Manager“ (1965: 739) des internationalen Systems: Von ihrer Kooperations- und Koordinationsbereitschaft hängt eine dauerhafte, stabile internationale Ordnung ab. Um die Pole des internationalen Systems bilden sich Koalitionen bzw. Allianzen aus, die systemweit zur Formierung der Balance of Power führen.

Aufgrund der sich beständig aufs Neue herausbildenden Balance of Power im internationalen System ist die Herausbildung einer Hegemonie, im Waltzschen Sinne verstanden als die systemweite Übermacht eines einzelnen Staates, relativ unwahrscheinlich und wenn sie auftreten sollte, nicht von langer Dauer (Waltz 2000b). Denn für die Ausbildung einer systemweiten Hegemonie müssten die Großmächte in einen Wettstreit um die Übermacht im internationalen System treten, in einen Wettbewerb um die „position of the leader“ (Waltz 1979: 126). Zu diesem Zwecke müssten die Großmächte Verbündete für ihr Vorhaben gewinnen, um die anderen Großmächte ihrem Führungsanspruch unterzuordnen. Da jedoch jeder Staat (und insbesondere die Großmächte) als oberstes Gebot die Gewährleistung seiner eigenen Sicherheit, seiner Autonomie im System verfolgt und nicht die Machtmaximierung um der Machtmaximierung willen, wie es die realistische Theorie postulierte, wird der Versuch der Erlangung systemweiter „Über"-Macht als eine Bedrohung für die eigene Sicherheit und Autonomie im internationalen System wahrgenommen. Wenn ein Staat versuchen würde, seine Machtposition im internationalen System zu vergrößern, würden sich mindestens zwei Koalitionen herausbilden. Eine Staatengruppe um den Hegemon im Wartestand und eine andere, die sich nicht dem Führungsanspruch der zukünftigen Hegemonialmacht beugen will. Ein Krieg wäre in solch einer Konstellation wahrscheinlich (allerdings nicht zwingend), „none of the great powers wants one of their number to emerge as the leader" (Waltz 1979: 126). Auch nach einem erfolgreich beendeten Hegemonialkonflikt, bei dem der potenzielle Hegemon sein Ziel – die systemweite Übermacht – erreicht hat, würde seine eventuelle hegemoniale Stellung wahrscheinlich nur von kurzer Dauer sein. Denn: „unbalanced power is a danger to weak states. It may also be a danger to strong ones" (Waltz 1967a: 228, Waltz 1993a: 190).

Die Koalition der Gewinner würde auseinanderbrechen und die „neuen" Großmächte würden sich erneut zu balancieren suchen. Nicht allein die Machtfülle des Hegemons würde von den anderen Staaten als eine Bedrohung angesehen werden, sondern auch das Verhalten der „Über"-Macht stellt eine Bedrohung dar oder wird als solche empfunden. „Countries that wield overwhelming power will be tempted to misuse it. And even when their use of power is not an abuse, other states will see it as being so" (Waltz 1993b: 76). Aus dieser Einsicht folgert Waltz in beeindruckender Klarheit „the response of other countries to one among them seeking or gaining preponderant power is to try to balance against it. Hegemony leads to balance" (Waltz 1993b: 77).

Neue Koalitionen würden entstehen und eine neue Balance of Power wäre das zu erwartende Ergebnis. „We do not expect the strong to combine with the strong in order to increase the extent of their power over others, but rather to square off and look for allies who might help them" (Waltz 1979: 126). Eine unipolare Systemstruktur, die Waltz in seiner Schrift von 1979 überhaupt nicht thematisiert, ist demzufolge die internationale Konfiguration mit geringster Stabilität (Waltz 1997: 915). Ohne Gegenmacht, so argumentiert Waltz unter Rückgriff auf den französischen Schriftsteller François Fenelon (1651–1715), wird sich ein Staat mit Machtpotenzialen, die alle anderen Staaten überragen, in seiner Außenpolitik nicht mehr moderat verhalten (Waltz 1993: 52–53) und damit der Versuchung erliegen, anderen Staaten seine Gerechtigkeitsvorstellungen, notfalls unter Einsatz militärischer Mittel, aufzuzwingen – sich somit als Weltexekutive und zugleich als Weltpolizist (Mearsheimer 2001: 392) aufzuspielen.

Aus dem oben Gesagten ergibt sich für Waltz, dass Staaten generell defensive Positionalisten sind, die – in ihrem eigenen Interesse – nicht nach übermäßiger Steigerung ihrer Macht streben, sondern eine übermäßige Machtakkumulation anderer vermeiden wollen. Dies schließt jedoch nicht aus, dass es auch Staaten mit revisionistischen Intentionen gibt (Mearsheimer 2002b; Schweller 1994; 1996), denn Sicherheit ist das Minimalziel und Machtmaximierung das Maximalziel staatlicher Politik.

Kommt es zu einem Machtkonflikt, ziehen es Staaten vor, „to join the weaker of two coalitions“(Waltz 1979: 126). Denn: „If states wished to maximize power, they would join the stronger side, and we would see not balances forming but a world hegemony forged. This does not happen because balancing, not bandwagoning is the behavior induced by the system. The first concern of states is not to maximize power but to maintain their positions“ (Waltz 1979: 126).

Kontrollfragen zu Kapitel 2.5

- Worin unterscheidet sich die Balance of Power-Erklärung von Waltz von früheren Versuchen Balance of Power zu erklären?
- Warum knüpft Waltz bei seiner eigenen Erklärung an Machiavelli an?
- Wie erklärt Waltz Balance of Power?
- Warum ist die Herausbildung einer systemweiten Hegemonie für Waltz eher unwahrscheinlich?
- Wie skizziert Waltz den Zusammenhang zwischen Balance of Power und Hegemonie?

2.6 (Inter-)Dependenz

Nachdem ausführlich dargelegt wurde, dass die beständige Herstellung einer systemweiten Balance für Waltz eine Stabilität erzeugende Konfiguration internationaler Politik ist, muss sich in einem weiteren Schritt mit der Frage auseinandergesetzt werden, ob nicht die zunehmenden ökonomischen Verflechtungen zwischen Staaten Balancepolitik als friedensförderndes Momentum haben obsolet werden lassen. Der empirische Verweis auf die Tatsache, dass Staaten trotz enger ökonomischer Verflechtungen Krieg gegeneinander geführt haben (Waltz 1965: 235; Copeland 1996b), vermag diesen Einwand zwar zu entkräften, er ist jedoch nicht geeignet, eine theoretische Begründung für diesen Sachverhalt zu liefern. Wie sieht Waltz den Zusammenhang zwischen Interdependenz und Frieden? Um dieser Frage nachzugehen, ist es vorab notwendig darzulegen, was Waltz unter Interdependenz versteht und welchen Stellenwert Interdependenz in seiner Theorie einnimmt. Waltz definiert Interdependenz als eine Situation, „in which one party can scarcely move without jostling others“ (Waltz 1999; 2000c: 14). Allgemein gesprochen bezeichnet Interdependenz somit die wechselseitige Abhängigkeit der Akteure im internationalen System. Entgegen der weitverbreiteten Auffassung, dass Interdependenzen friedensfördernd sind, stellt Waltz zunächst apodiktisch fest: „Many seem to believe that growing closeness of interdependence improves the chances of peace. But close interdependence means closeness of contact and raises the prospect of occasional conflict" (Waltz 1979: 138). John Mearsheimer hat diese Feststellung an anderer Stelle mit entwaffnender Klarheit in Worte gekleidet. Befürworter von Interdependenz verkennen, dass Dependenz (Abhängigkeit) in dem Wort Interdependenz enthalten ist (Mearsheimer 1995). „Interdependence means that the parties are mutually dependent" (Waltz 1979: 134). Und Staaten, insbesondere Großmächte, werden versucht sein, unabhängig von anderen zu bleiben.

Wie gelangt Waltz zu der, dem Mainstream in der Wissenschaft der Internationalen Politik völlig zuwiderlaufenden Auffassung, dass Interdependenz nicht friedens- sondern konfliktfördernd ist?

Interdependenz, so die Mehrheit der Wissenschaft, ist definiert als eine Situation, „in which anything that happens anywhere in the world may affect somebody, or everybody, elsewhere" (Waltz 1979: 139). Wenn diese Einschätzung zuträfe, so Waltz, dann wäre seine Definition der Struktur des internationalen Systems obsolet (Waltz 1979: 139).

Waltz benutzt eine aus der Ökonomie entlehnte Definition von Interdependenz:

> „Interdependence suggests reciprocity among parties. Two or more parties are interdependent if they depend on one another about equally for the supply of goods and services. They are interdependent if the costs of breaking their relations or of reducing their exchanges are about equal for each of them" (Waltz 1979: 143).

Gleichrangigkeit zwischen den Akteuren, wie auch zwischen den Graden der Abhängigkeit, wird somit zum entscheidenden Kriterium für Interdependenz. Dadurch unterscheidet sich die Waltzsche Definition von anderen Definitionen, die Interdependenz als eine Situation, in der alles mit allem und jeder mit jedem zusammenhängt, beschreiben.

Waltz weist solche Definitionen auch explizit mit dem Verweis auf die Ungleichheiten von Staaten zurück. Versuche, die Welt ausschließlich in ökonomischen Begriffen zu interpretieren, seien „old-fashioned“ (Waltz 1979: 141) und verkennen die Tatsache, dass Ökonomien unter den Rahmenbedingungen operieren, die ihnen politisch und damit von Staaten, insbesondere von Staaten mit großen ökonomischen Machtpotenzialen, gesetzt werden.

Dieser Auffassung setzt Waltz die Einsicht entgegen, dass Interdependenz aufgrund der real existierenden Ungleichheit zwischen den Staaten, nicht alle Teile der Welt gleichermaßen betrifft. Diese Ungleichheiten, die die Fähigkeit der Staaten zur Lösung anstehender Probleme beeinträchtigt, ist aber originär politischer Natur. Interdependenz ist, gemäß Waltz, somit nicht nur als „sensitivity of adjustment“ zu begreifen, sondern auch und vor allem als „mutual vulnerability“ (Waltz 1979: 139).

Stellt man dann aber die Frage nach dem Grad der Verwundbarkeit, so zeigt sich, dass die Großmächte weniger verwundbar sind, da ihnen mehr Möglichkeiten zur Kompensation von Nachteilen zur Verfügung stehen, die aus dem Besitz ihrer Machtmittel resultieren. Verwundbar sind somit primär machtpolitisch kleinere und mittlere Staaten.

Deshalb sei es falsch zu behaupten, dass Großmächte in der gleichen Art und Weise abhängig von globalen Entwicklungen sind wie kleinere und mittlere Staaten (Waltz 1979: 142). Die Verwundbarkeit von Staaten führt Waltz darauf zurück, welche Position diese im internationalen System einnehmen.

> „How powers are placed in the system affects their abilities, their opportunities, and their inclinations to act. Their behaviors vary as the interdependence of the system changes, and the variations tell us something about the likely fate of both the system and of its parts […]“ (Waltz 1979: 145).

Waltz stellt damit nicht die Frage der Verflechtungen der Einheiten in den Vordergrund, sondern die Höhe des Interdependenzgrades des Systems sowie die Abhängigkeit der Großmächte. Dies ist für ihn die entscheidende Frage, die es zu stellen und zu beantworten gilt (Waltz 1979: 145).

Für die Beantwortung dieser Frage ist es jedoch entscheidend, wieviele Großmächte existieren und wie „groß“ die Großmächte sind. Denn je größer (im Sinne des englischen Wortes „size“) die vorhandenen Großmächte sind, „the higher the proportion of its business is done at home“ (Waltz 1979: 145). Und je größer die internen Anstrengungen einer Großmacht sind, desto geringer ist ihre Abhängigkeit von anderen Akteuren.

Da das internationale System durch Ungleichheit gekennzeichnet ist, ist es auch durch einen geringen Interdependenzgrad charakterisiert (Waltz 1982: 83). Auf die Situation der 1970er Jahre angewendet bezeichnet Waltz an anderer Stelle die Interdependenzrhetorik der US-Administration als politische Propaganda, da sie nur die extreme ökonomische Machtasymmetrie zwischen den USA und den anderen Staaten verdecken soll (Waltz 1970).

Durch die Globalisierung hat die Kritik am neoliberalen Interdependenzbegriff für Waltz nicht ihre Gültigkeit verloren. Denn erstens sei die Globalisierung keinesfalls ein historisch einzigartiger Vorgang (vgl. auch Link 2001: 51, Waltz 2000c: 14-18) und zweitens wiederhole sich im 21. Jahrhundert nur ein bereits im 17. und 18. Jahrhundert beobachtbares Phänomen, wonach „weak states have lost some of their influence and control over external matters, but strong states have not lost theirs“ (Waltz 2000a: 17).

Seit dem Ende des Ost-West-Konflikts sind die Vereinigten Staaten als die treibende Kraft der Globalisierung zugleich auch ihr größter Profiteur. Die Handlungs- und Gestaltungsmöglichkeiten der USA haben sich durch die Globalisierung erweitert (Waltz 1999).

Der von einigen Wissenschaftlern geäußerte Hoffnung, dass Interdependenz die Wahrscheinlichkeit von Kriegen minimiert, da zwischen interdependenten Staaten ein gemeinsames Interesse an der Aufrechterhaltung von Frieden als Voraussetzung für die Wohlstandsmaximierung existiert (Oneal/Russet 1999), hält Waltz die Einsicht entgegen, dass Interdependenz eine nur schwache Aus- bzw. Einwirkung auf das Verhalten von Großmächten hat (Waltz 2000c: 14). Denn diese seien nach wie vor darum bemüht – und bei diesen Bemühungen auch sehr erfolgreich –, Interdependenzen zu vermeiden. „When it seems that we will sink or swim together, swimming separately looks attractive to those able to do so“ (Waltz 2000c: 15). Deshalb ist Interdependenz nach wie vor mehr eine abhängige denn eine unabhängige Variable zur Klärung der Frage nach Konflikten und Kriegen im internationalen System (Waltz 2000c: 15). Interdependenztheorie generell ist somit für Waltz reduktionistisch, da sie prozess- und unitorientiert sei (Waltz 1999: 8).

Mit der Varianz in der Anzahl der Großmächte, so bleibt abschließend festzuhalten, variiert auch der Grad der Interdependenz im internationalen System. Je mehr Großmächte es gibt, desto interdependenter ist das internationale System.

Allerdings steht diese Korrelation unter einem doppelten Vorbehalt. Zum einen ist im Nuklearzeitalter und unter den Bedingungen der Bipolarität militärische Interdependenz eher unwahrscheinlich, weil alle anderen Staaten von den militärischen Potenzialen und Interaktionen der beiden strukturbestimmenden Pole einseitig abhängig sind, und zum zweiten hängt die Erhöhung der Interdependenz bei wachsender Großmächtezahl von der Größe der „neuen“ Großmächte ab. Wenn es sich um territorial große Staaten wie z.B. China oder Indien handelt, muss ein Anwachsen der Interdependenz nicht unweigerlich folgen aufgrund der Fähigkeit dieser Staaten, interne Anstrengungen zu unternehmen, um externe Abhängigkeiten zu vermeiden.

Somit ist – theoretisch – auch ein internationales System mit vielen Großmächten vorstellbar, das einen niedrigen Interdependenzgrad aufweist. Kenneth Waltz hat sich in Aufsätzen jüngeren Datums mit der Frage auseinander gesetzt, ob die Globalisierung die Handlungsfähigkeit von Staaten aushöhlt und sie als zentrale Akteure der internationalen Politik (und damitso die dahinter stehende Annahme, auch den Neorealismus) obsolet werden lässt. Er hat darauf hingewiesen, dass, erstens, Staaten sich durch politische Entscheidungen ihrer Regierungen an die Globalisierung anpassen, zuvorderst, um ihre staatliche Handlungsfähigkeit zu schützen; und, zweitens, der Verlust staatlicher Handlungsfähigkeit durch die Globalisierung nur für kleinere Staaten (in der Terminologie von Waltz, Staaten mit geringen ökonomischen Machtpotenzialen) gilt, während die Großmächte (allen voran die Vereinigten Staaten) die größten Profiteure der Globalisierung sind und die Globalisierung ihre Position im internationalen System stärkt (Waltz 2000d). „Globalization is made in America" hat Waltz diesen Sachverhalt einmal umschrieben (Waltz 1999: 2); und man müsste noch hinzufügen „for America".

Abschließend lässt sich festhalten, dass Waltz bei seiner Analyse der Interdependenz den grundlegenden Annahmen seiner strukturellen Theorie treu bleibt. „Interdependence of parties, diffusion of dangers, confusion of responses: These are the characteristics of great power politics in multipolar worlds" (Waltz 1979: 171). Im Umkehrschluss dazu gilt: „Self-dependence of parties, clarity of dangers, certainty about who has to face them: These are the characteristics of great-power politics in a bipolar world" (Waltz 1988: 624).

Mit dieser Aussage ist bereits angedeutet, dass bipolare Systeme für Waltz eine größere Stabilität aufweisen als multipolare Systeme. Wie er zu dieser Einschätzung gelangt, ist Gegenstand des folgenden Kapitels.

Kontrollfragen zu Kapitel 2.6

- Was versteht Waltz unter „Interdependenz"?
- Worin unterscheidet sich sein Interdependenz-Begriff von dem anderer Autoren?
- Sind alle Staaten gleichermaßen abhängig von globalen Entwicklungen? Wenn nein, warum nicht?
- Unter welchen Voraussetzungen ist ein Internationales System vorstellbar, das mehrere Pole hat und trotzdem stabil ist?

2.7 Stabilität, Frieden und Krieg

Fasst man das Bisherige zusammen, so lässt sich festhalten, dass im internationalen System einige unabhängige und sehr viele abhängige Staaten koexistieren. Die Großmächte sind dabei, abhängig von ihrer territorialen Größe, ihrer militärischen Macht, ihrer Bevölkerungsstärke etc., die relativ unabhängigsten Staaten, an deren Erfolg sich andere Staaten orientieren, um ihr Überleben im internationalen System zu garantieren. Die Stabilität des internationalen Systems, verstanden als die Abwesenheit von Krieg, ist dabei von dem Grad der militärischen Interdependenz abhängig. Die Großmächte balancieren einander, zuweilen auch unter Bildung von Allianzen. Diese wechselseitige Balancierung erzeugt Stabilität: „Between parties in a self-help system, rules of reciprocity and caution prevail. Their concern for peace and stability draws them together, their fears drive them apart“ (Waltz 1979: 175).

Aber unter den Bedingungen struktureller Anarchie ist der Frieden beständig bedroht (Waltz 1988: 620). „The prolongation of peace requires that potentially destabilizing developments elicit the interest and the calculated response of some or all of the system's principal actors“ (Waltz 1988: 620).

Deshalb sei es eine wichtige Aufgabe für eine Theorie der internationalen Politik, eine Antwort auf die Frage zu geben, „whether destabilizing conditions and events are managed better in multipolar or bipolar systems“ (Waltz 1988: 620).

Waltz' Antwort auf diese Frage fällt – wie so oft – eindeutig aus und lautet: Eine bipolare Struktur des internationalen Systems erzeugt mehr Stabilität als eine multipolare Struktur (Waltz 1967b). In seiner „Theory of International Politics“, wie auch in einem früher veröffentlichten Aufsatz (Waltz 1964), legt er ausführlich dar, warum das so ist.

Zunächst einmal muss festgehalten werden, dass Unsicherheit ein Charakteristikum ist, unter dem Staaten agieren und interagieren. „States, like people, are insecure in proportion to the extent of their freedom. If freedom is wanted, insecurity must be accepted“ (Waltz 1979: 112). Da das internationale System ein „large number system“ ist und in ihm große Ungleichgewichte hinsichtlich der Machtverteilung zwischen seinen Einheiten bestehen, existiert eine systemweite „imbalance of power“ (Waltz 1979: 131), die eine beständige Gefährdung für die schwachen Staaten bedeutet. Der Umkehrschluss dieser Feststellung müsste somit lauten, dass eine ungefähre Gleichheit aller Staaten (bezogen auf die Machtverteilung) anzustreben sei, weil dann jeder Staat in der Lage wäre, für seine Sicherheit selbst Sorge zu tragen (Kissinger 1963; Kohnstamm 1964). Das Resultat solcher Gleichheit wäre die Reduzierung von Konflikten zwischen den Einheiten und die Stabilisierung des Gesamtsystems. Waltz widerspricht dieser Annahme mit einem Blick auf die Geschichte, die zeige, dass „inequality [...] is inherent in the state system" (Waltz 1979: 131). Und er geht noch einen Schritt weiter. Nicht nur, dass Ungleichheit zwischen den Einheiten unvermeidbar ist, nein: sie hat sogar Vorzüge für die Stabilität des Gesamtsystems (Waltz 1964). Entgegen der Auffassung, dass annähernde Gleichheit Stabilität produziert, wartet Waltz exakt mit der entgegengesetzten These auf. Gleichheit ist für ihn „associated with instability" (Waltz 1979: 131).

In jeder politischen Gesellschaft, so argumentiert Waltz, sind eine Vielzahl unterschiedlicher sozialer Akteure für die Stabilität dieser Gesellschaft unverzichtbar, wobei die diversen Akteure nicht alle gleich mächtig oder gleich einflussreich sind und sein können. Diese Ungleichheit übt eine moderierende Wirkung auf die politischen Gesellschaften aus und sorgt für deren Stabilität. Der Versuch der Akteure, in einer Gesellschaft „gleich mächtig" zu werden, würde die Stabilität dieser Gesellschaft gefährden. „In a collection of equals, any impulse ripples through the whole society" (Waltz 1979: 131).

Auf das internationale System übertragen folgt daraus, dass „[t]he inequality of states, though it provides no guarantee, at least makes peace and stability possible" (Waltz 1979: 132). Die größte Stabilität bietet ein internationales Systems, das bipolar strukturiert ist, d.h. ein System, in dem es zwei Staaten gibt, die mächtiger als alle anderen Staaten sind.[31] „With more than two parties [i.e. „great powers"], the solidarity of a group is always at risk because the parties try to improve their lots by combining. Interdependence breeds hostility and fear" (Waltz 1979: 174).

31 Waltz schreibt an anderer Stelle, dass auch multipolare Systeme stabil sind, wenn die Pole über nukleare Waffen verfügen (Waltz 2000b: 10). Allerdings weisen bipolare Systeme für ihn einen höheren Grad an Stabilität auf.

Vier Faktoren sind es für Waltz, die in ihrem Zusammenwirken für die „limitation of violence in the relations of states“ (Waltz 1964: 882) innerhalb einer bipolaren Systemstruktur, definiert als „world in which two states far exeed all others in the force at their disposal“ (Waltz 1967a: 218), sorgen:

1. In bipolaren Systemen gibt es keine Peripherien. Jedes Ereignis auf der Welt tangiert unmittelbar die Interessen beider Pole. „With many great powers the concerns of some of them are regional, not global. With only two, their worries about each other cause their concerns to encompass the globe“ (Waltz 1979: 198). Jede Aktion des einen Pols zieht eine Reaktion des anderen Pols nach sich und daher werden Prozesse vorhersehbar und kalkulierbar. Diese Situation führt zu einer „solid bipolar balance“ (Waltz 1964: 883). Dies bedeutet nicht, dass beide Pole in der Lage sind, alle Entwicklungen auf der Welt direkt zu kontrollieren, sie haben jedoch mehr Möglichkeiten als andere Staaten, diese Entwicklungen zu beeinflussen (Waltz 1965).
2. Je intensiver der Wettbewerb zwischen den beiden Polen wird, desto umfassender wird er.
   Die Folge ist, dass beide Pole auf die kleinste Veränderung bei dem anderen Pol reagieren und nicht gewillt sind, dem anderen Pol Gewinne zuzugestehen. Eine bipolare Konstellation zieht somit eine permanente Wachsamkeit nach sich. „In our present world changes may affect each of the two powers differently, and this means all the more that few changes in the national realm or in the world at large are likely to be thought irrelevant“ (Waltz 1964: 883). Darin unterscheiden sich bipolare Strukturen von multipolaren, in denen die Frage der Bedrohung nicht eindeutig geklärt ist (Waltz 1964: 883) und deshalb Veränderungen (seien sie interner oder externer Art) nicht genügend Aufmerksamkeit geschenkt wird. „The incentive to regard all disequilibrating changes with concern and respond to them [...] is consequently weakened“ (Waltz 1964: 883).
3. Bipolare Konstellationen zeichnen sich durch permanenten Druck und die beständige Wiederkehr von Krisen aus. Der Vorteil einer

solchen Konstellation liegt darin, dass jedem Akteur von Beginn an klar ist „who will oppose whom“ (Waltz 1964: 884). In multipolaren Systemen, die ebenfalls durch permanenten Druck und permanente Krisensituationen gekennzeichnet sind, besteht für die Pole Unsicherheit über die Frage, wer sich mit wem gegen wen verbünden wird und wer die größte Bedrohung für die Sicherheit eines Pols darstellt. All diese Unsicherheiten führen zu einer Politik in multipolaren Systemen „to gain an advantage over one state without antagonizing others and frightening them into a united action“ (Waltz 1964: 884).

In einer multipolaren Welt ist die Gefahr von Fehlperzeptionen (Jervis 1976) durch eine oder mehrere Großmächte und daraus folgend die Möglichkeit von Überreaktionen, die in systemweite Kriege münden können, wesentlich größer als in bipolaren Systemen (Waltz 1979: 172).

4. Die durch die Bipolarität erzeugte Stabilität ist auch nicht auf die Existenz von Nuklearwaffen zurückzuführen, da – und hier blickt Waltz auf das bipolare System der 1960er Jahre – sowohl die USA als auch die Sowjetunion über ein ausreichend großes nichtnukleares Zerstörungspotenzial verfügen und den Willen, Gewinne des jeweils anderen zu verhindern, sodass die Stabilität des Gesamtsystems auch in Abwesenheit von Nuklearwaffen gewährleistet wäre (Waltz 1964: 885-886). Der Besitz von Nuklearwaffen macht aus einem Staat noch lange keine Großmacht (Waltz 1993a: 191). Allerdings haben Nuklearwaffen entscheidend dazu beigetragen, die Bipolarität zu stabilisieren, indem sie das Aufkommen anderer Pole erschweren (Waltz 1964: 907) und konventionelle Eskalationen begrenzen. „The temptation of one country to employ larger and larger amounts of force is lessened if its opponent has the ability to raise the ante“ (Waltz 1967a: 225). Während in konventionellen Krisen (d.h. Krisen zwischen Staaten, die nicht im Besitz von Nuklearwaffen sind) Regierungen sich einen Vorteil gegenüber dem Gegner zu verschaffen suchen, indem sie ihm mit einer Eskalation drohen, die sie möglicherweise realiter gar nicht bereit sind durchzuführen, und der Staat, der

über ein konventionelles Übergewicht verfügt, diese auch bereit ist einzusetzen, um die Herstellung einer militärischen Balance im konventionellen Bereich zu verhindern, sind Nuklearwaffenstaaten „reluctant to use it because no one can promise the full success of a disarming first strike“ (Waltz 1990b: 734).

Aus dieser Perspektive bezeichnet Waltz Nuklearwaffen als eine „great force of peace“ (Waltz 1988: 48), da sie auf die Staaten, die in ihrem Besitz sind, einen begrenzenden Einfluss auf die Bereitschaft, einen Krieg gegen eine andere Nuklearmacht zu führen, haben (Waltz 1990b: 743), weswegen die Weiterverbreitung von Nuklearwaffen aus der Sicht Waltz' auch nicht unbedingt stabilitätsgefährdend sein muss (Waltz 1981; 1995; 2003a; 2012).[32] Doch sie verhindern weder „the use of force nor the importance of balancing behavior“ (Waltz 1993b: 74).

In diesem Zusammenhang ist es von Interesse, auf eine Besonderheit der Waltzschen Argumentation aufmerksam zu machen. In der Logik seiner strukturellen Argumentation lassen sich sowohl das Ausbrechen von Kriegen zwischen Großmächten wie auch dessen Ausbleiben durch strukturelle Faktoren erklären. „The recurrence of war is explained by the structure of the international system“ (Waltz 1988: 620).

Die Entwicklung von Nuklearwaffen, die auf dem *unit-level* stattgefunden hat, hat aber – so konzediert Waltz – zum einen ein Wandel in der Struktur des internationalen Systems erzeugt, insofern als Staaten, die über Nuklearwaffen und insbesondere über eine gesicherte Zweitschlagfähigkeit verfügen, zu den strukturbestimmenden Großmächten gehören und zum anderen, weil sie die Kriegswahrscheinlichkeit zwischen Großmächten verringert hat. In seiner „Theory of International Politics“ scheint sich Waltz dieses Zusammenhanges nicht bewusst zu sein. Dort argumentiert er, dass Nuklearwaffen ein Teil der „capabilities“ von Staaten sind, deren systemweite Verteilung wiederum strukturbestimmend sei (Waltz 1979: 180-188). Er verschließt sich somit seiner eigenen Einsicht, dass erstens eine Theo-

32 Zu einer neueren Kritik an dieser Annahme vgl. Trachtenberg (2002).

rie der Struktur des internationalen Systems nicht alles erklären kann (Waltz 1979: 174), und es zweitens, wie bereits mehrfach erwähnt wurde, eine wechselseitige Beeinflussung von Struktur- und Prozessebene gibt.

Der daraus resultierende Zusammenhang zwischen Entwicklungen auf der Ebene der Staaten, strukturellen Veränderungen und der Wahrscheinlichkeit bzw. Unwahrscheinlichkeit von militärischen Auseinandersetzungen zwischen Großmächten mit gesicherter Zweitschlagfähigkeit wird von Waltz erst elf Jahre nach Erscheinen der „Theory of International Politics" mit deutlicher Klarheit formuliert. „Over the centuries [...] the frequency of wars has correlated more closely with a structural characteristic [...] than with unit-level attributes. Yet [nach 1945, C.M], because of a change in military technology, a change at that unit-level, waging war has increasingly become the privilege of the poor and weak states. Nuclear weapons have banished war from the center of international politics. A unit-level change has dramatically reduced a structural effect" (Waltz 1988: 626-627). Die theoretische Schlussfolgerung, die Waltz für die Frage nach den Gründen für den Ausbruch oder für das Ausbleiben von Kriegen zieht, lautet: „The causes of war lie not simply in states or in the state system, they are found in both" (Waltz 2000a: 13). Diese Einsicht geht zurück auf sein Werk „Man, the State and War" und stellt eine Revision gegenüber früheren Aussagen dar, die den Ausbruch und das Ausbleiben von Kriegen allein durch strukturelle Faktoren zu erklären versucht.

Zu den drei bereits genannten Faktoren, Abwesenheit von Peripherien, Intensität und Reichweite des Wettbewerbs sowie andauernder Druck und Krise, gesellt sich noch ein vierter Faktor, die überwältigende Machtfülle beider Pole, die es Großmächten ermöglicht, Veränderungen militärisch-technologischer Art schnell, effektiv und effizient zu absorbieren.

Durch die Kombination dieser vier Faktoren sieht Waltz den Vorteil einer systemweiten bipolaren Konfiguration darin, dass sie nach dem Ende des Zweiten Weltkrieges dazu beigetragen hat, „that the world [...] has enjoyed a stability seldom known" (Waltz 1964: 907).

Eine bipolare Systemstruktur sowie die Existenz großer Ungleichheiten zwischen den Großmächten und den anderen Staaten des Systems garantiert somit Stabilität und sichert Frieden (Waltz 1986: 343). Die stabilitätsfördernde Wirkung bipolarer Strukturen korrespondiert dabei mit einem Interesse der Großmächte an Stabilität und Frieden. Aufgrund dieses Interesses und der ihnen zur Verfügung stehenden Machtpotenziale, die es ihnen erlauben, die Systembedingungen entscheidend zu beeinflussen, übernehmen die Großmächte in bipolaren Systemen Managementfunktionen, um ihre Sicherheit und Wohlfahrt durch die Aufrechterhaltung von Stabilität und Frieden im internationalen System zu gewährleisten (Waltz 1964; Waltz 1979: Kap. 8).

Die Wahrscheinlichkeit, dass die Großmächte eine solche Ordnungsfunktion übernehmen, ist in einem bipolaren System wesentlich größer, da die Interessen der Großmächte global sind. In multipolaren Systemen hingegen gibt es einige Großmächte mit globalen und andere, die lediglich regionale Interessen verfolgen (Waltz 1979: 198), was à la fin zu systemweiter Instabilität und systemgefährdenden Kriegen führen kann.

Kontrollfragen zu Kapitel 2.7

- Wonach beurteilt Waltz die Stabilität der Struktur des Internationalen Systems?
- Warum sorgt die Ungleichheit zwischen den Staaten für systemweite Stabilität?
- Warum ist für Waltz Interdependenz konfliktfördernd?
- Warum sind bipolare Systeme stabiler als multipolare?
- Welche Rolle spielen Nuklearwaffen in der Theorie von Kenneth Waltz?

2.8 Zwischenfazit: Eine strukturelle Theorie der Internationalen Politik

Bevor das dritte Kapitel dieses Buches die Kritik am Neorealismus in den Vordergrund rückt und auf ihre Stichhaltigkeit überprüft, soll an dieser Stelle eine kurze Zusammenfassung des bisher Dargestellten erfolgen.

Zunächst einmal sei die Frage gestellt, welche Intentionen Waltz mit der Entwicklung seiner Theorie verfolgte. Für Kenneth Waltz ging es zunächst darum, den Realismus eines Hans J. Morgenthau, der wichtige, jedoch unsystematische und zumeist aus der Induktion gewonnene Einsichten vermittelt, auf eine wissenschaftliche Grundlage zu stellen.

Dass Waltz mit seiner Theorie der Internationalen Politik an realistische Annahmen anknüpft, ist evident, soll an dieser Stelle jedoch explizit gemacht werden. Von den zentralen Annahmen der Waltzschen Theorie, wonach a) Staaten die wichtigsten Akteure in der Internationalen Politik sind, die b) rationale Akteure sind, insofern als sie mit den ihnen zur Verfügung stehenden Ressourcen versuchen, ihre Ziele zu maximieren,[33] wobei c) das Minimalziel die Sicherung ihrer Existenz ist, und d) Staaten in einem Kontext agieren und interagieren, der ihnen in ihrem Handeln Begrenzungen auferlegt bzw. ihr Handeln dergestalt konditioniert, dass auf der Ebene der Gesamtbeziehungen ganz bestimmte immer wiederkehrende Muster (Balance of Power) produziert werden, knüpft Waltz bei den ersten drei Annahmen (a-c) bewusst an die realistische Tradition an. Im Prinzip ist auch die vierte Annahme (d) aus der realistischen Tradition entliehen, denn auch Morgenthau hatte den anarchischen Charakter der internationalen Politik erkannt und ihn zum Gegenstand seines Forschungsprozesses gemacht. Er hatte jedoch – nach Waltz – nicht erkannt, dass die immer wiederkehrenden Muster das Ergebnis einer Konstellation sind, in der sich die Staaten befinden, und nicht das Ergebnis einer bestimmten und seitens der Staaten bewusst betriebenen Politik, weswegen auch der Realismus für Waltz reduktionistisch ist.

Ein zweites, in der Literatur zum Neorealismus oftmals übersehenes Anliegen von Waltz war es, der in den 60er und 70er Jahren des 20.

33 Die Rationalitätsannahme gilt bei Waltz jedoch nur für die Erklärung von outputs. Wenn man, wie Waltz es beabsichtig, outcomes analysiert, dann spielt der rationale Akteur „Staat" eine nur untergeordnete Rolle, da Politik für Waltz der Bereich unintendierter Konsequenzen ist (Waltz 1986: 333).

Jahrhunderts in der akademischen Disziplin der Internationalen Politik vorherrschenden Methode des Behavioralismus entgegenzutreten, die mittels der Induktion und quantitativer Methoden Gesetzmäßigkeiten der Internationalen Politik aufdecken wollte (und auch heute noch will). „Before a claim can be made to have tested something, one must have something to test" (Waltz 1979: 14). Die Kritik am Behavioralismus richtet sich dabei weniger gegen die Methodenwahl, obgleich Waltz keineswegs vom Einsatz quantitativer Methoden in der Internationalen Politik überzeugt ist und es sicherlich zutreffend wäre, ihn als Vertreter einer klassischen qualitativen, an der Geschichtswissenschaft orientierten Methode zu bezeichnen. Waltz' Hauptkritikpunkt betrifft vielmehr die Theorie-„Feindlichkeit" der Behavioralisten, denen er vorwirft, Beobachtungen zu machen, Daten zu generieren, alles gegen alles zu korrelieren, „without any effort to define variables as they were defined in the theories presumably being dealt with" (Waltz 1979: 15). Es ist der erklärende Anspruch (Erklärung von Gesetzmäßigkeiten), den Waltz ins Zentrum seiner Überlegungen stellt.

Aus den beiden Punkten, Anknüpfung an die zentralen Erkenntnisse des Realismus sowie Ablehnung des Behavioralismus, entwickelt Waltz sein zentrales Anliegen: die deduktive Entwicklung einer Theorie der Internationalen Politik. Wiederholt hat Waltz darauf hingewiesen, dass es nicht seine Intention gewesen ist, eine Gesamttheorie (Waltz 1986: 340) oder eine Theorie der Außenpolitik (Waltz 1979: 72) zu entwickeln. Sein Anliegen war es, systemische Aussagen über die strukturellen Bedingungen zu formulieren, unter denen Staaten in der internationalen Politik agieren und interagieren.

Waltz hat sehr genaue Vorstellungen davon, wie eine Theorie entwickelt werden muss und was sie leisten kann. Theorie soll in allererster Linie erklären. Die Fähigkeit, exakt zu prognostizieren oder gar präskriptiv zu sein, wie dies John Mearsheimer fordert (2002c), negiert Waltz zwar nicht ausdrücklich, weist jedoch darauf hin, dass dies nicht seinem Theorieverständnis entspricht. „A limitation of the theory [des Neorealismus, C.M], a limitation common to social science theories, is that it cannot say when. [...] Neorealist theory is better at saying what will happen than in saying when it will happen" (Waltz 2000a: 27).

Um eine Theorie zu entwickeln, ist Konzentration unvermeidbar. Es gibt einen, wie Waltz konzediert, inhärenten Widerspruch zwischen umfassender Allgemeinheit und komplexitätsgerechter Präzision (1990a: 22). Da dieser nicht beseitigt werden kann, entscheidet sich Waltz für die umfassende Allgemeinheit, da Theorien kein Spiegelbild der Realität sind, sondern „an instrument to be used in attempting to explain a circumscribed part of reality of whose true dimensions we can never be sure. The instrument is of no use if it does little more than ape the complexity of the world" (Waltz 1997: 913-914).

Es ist in diesem Kapitel auch dargelegt worden, dass Waltz, was sein Theorieverständnis anbetrifft, nicht eindeutig zu verorten ist. Die Aussagen, die Waltz zu Fragen der Theoriebildung und der Theorietestung trifft, lassen jedoch den eindeutigen Schluss zu, dass Waltz, anders als oftmals behauptet, kein Vertreter einer rationalistischen Theorieauffassung ist, mithin auch nicht als Positivist bezeichnet werden kann. Aber er kann auch nicht als Pragmatist charakterisiert werden, obgleich einige seiner Aussagen, insbesondere hinsichtlich der Frage des Verhältnisses von Theorie und Empirie, der Frage, wann Theorie gut ist, eine gewisse Nähe zum Pragmatismus aufweisen. Wie so oft erweist sich Waltz als originär und keiner „Schule" eindeutig zuordenbar.

Im Zentrum der Waltzschen Theorie steht die Bemühung, das internationale System als eine eigenständige Analyseebene zu etablieren und den Zusammenhang zwischen dem strukturellen Aspekt der internationalen Politik und dem Außenverhalten von Staaten systematisch zu entwickeln. Staaten, so lautet die Grundannahme des Neorealismus, stehen auf der Ebene der Gesamtbeziehung in einem spezifischen Beziehungszusammenhang, der sie von Aktionen abhält oder zu solchen hinlenkt und das Ergebnis staatlicher Interaktionen beeinflusst, ohne es zu determinieren (Waltz 1975: 67). Dabei ist die Unterscheidung wichtig, der zufolge die Struktur der Gesamtbeziehungen zwar auch aus den Aktionen und Interaktionen der Staaten entsteht, mit diesen jedoch nicht identisch ist. Die Struktur bezeichnet das Arrangement, das die Staaten auf der Ebene der Gesamtbeziehungen zueinander eingehen; sie gibt Auskunft über die Positionierung der Staaten im internationalen System. Um eine Unterscheidung zwischen strukturellen und akteursabhängigen Variablen zu ermöglichen, muss bei der Bestimmung der Struktur von den Eigenschaften der Staaten und ihren Aktionen und Interaktionen abstrahiert werden. Waltz beschreibt diesen Sachverhalt wie folgt: „To define a structure requires ignoring how units relate with one another (how they interact) and concentrating on how they stand in relation to each other (how they are arranged or positioned). [...] The arrangement of units is a property of the system“ (Waltz 1979: 80). Die Struktur bestimmt sich nach Waltz aus a) dem Ordnungsprinzip (in der Dichotomie anarchisch vs. hierarchisch); b) der Funktionsdifferenzierung zwischen den Einheiten und c) der Machtverteilung.

Wie die Grundstruktur des internationalen Systems bei Waltz charakterisiert wird, ist bereits ausführlich erörtert worden und soll deshalb an dieser Stelle nur kurz rekapituliert werden.

Die Staaten konkurrieren in einem anarchisch-dezentralisierten Selbsthilfesystem um die knappen Güter, die sie zur Aufrechterhaltung bzw. zur Verbesserung ihrer Situation benötigen. Wegen der strukturell begründeten Ungewissheit über das Verhalten der anderen Staaten müssen die Staaten beständig Macht akkumulieren, um ihre eigene Sicherheit und damit auch die eigene Handlungsfreiheit zu garantieren. Diese Machtakkumulation wird wiederum von den anderen Staaten als Bedrohung ihrer Sicherheit und Handlungsfreiheit wahrgenommen. In Abwesenheit einer zentralen Autorität führt der Wettbewerb im anarchischen System häufig zu Konflikten, die auch in Kriege münden können.

„Da die strukturellen Bedingungen lediglich eine Milderung des Dilemmas, keinesfalls aber dessen vollständige Auflösung zulassen, wird die Bildung von Macht und Gegenmacht zum typischen Ergebnis der zwischenstaatlichen Konkurrenz um das knappe Gut *Sicherheit*“ (Meimeth 1992: 84, Hervorh. dort). In diesen knappen Worten lässt sich zutreffend die Essenz der Waltzschen Balance of Power-Theorie beschreiben.

Die Konfliktgefahr wird durch die Existenz von Gegenmachtsystemen verringert, mit denen sich die Staaten gegenseitig beschränken. Je weniger Großmächte (mit großen militärischen Machtpotenzialen) es im internationalen System gibt, desto geringer ist die Konfliktgefahr. Denn die Polarität des internationalen Systems ist letztendlich konditionierend für die Aktionen und Interaktionen der Staaten in diesem System.

Deshalb sind bipolare Systeme stabiler als multipolare oder unipolare, weil sich alle anderen Staaten (außer den beiden Polen) in ihren Aktionen und Interaktionen an der Politik der beiden Pole orientieren müssen. Dies erhöht die Erwartungsverlässlichkeit hinsichtlich des Verhaltens der beiden Großmächte.

Das folgende Kapitel setzt sich nunmehr mit der an der Waltzschen Theorie geäußerten Kritik auseinander.

III. Kritik am Neorealismus

Einen Überblick über die Kritik am Neorealismus zu bieten, stellt ein nahezu unmögliches Unterfangen dar. Seit dem Erscheinen der „Theory of International Politics“ haben sich zahllose Forscher mit der Waltzschen Theorie auseinandergesetzt und sie in fast jedem Punkt kritisiert. Eine ausführliche Darstellung aller Autoren, die sich mit Waltz auseinandergesetzt haben, ist an dieser Stelle nicht möglich. Deshalb wurde eine andere Herangehensweise für dieses Kapitel gewählt. An die Stelle der Auseinandersetzung der Kritik durch einzelne Autoren oder konkurrierende theoretische Schulen wird die Kritik am Neorealismus entlang zentraler Sachbereiche, wie z. B. der Kritik am Strukturbegriff, der Kritik an seiner analytischen Reichweite usw., systematisiert. Innerhalb dieser Sachbereiche werden einige prominente Kritiker, gewissermaßen exemplarisch für bestimmte Kritikrichtungen, vorgestellt und auf ihre Relevanz hin analysiert. Dabei kommen nicht nur dezidierte Gegner des Neorealismus zu Wort, sondern auch Kritiker, die sich selbst in der Tradition des (strukturellen) Realismus verorten würden (z. B. William Wohlforth und Randall Schweller).

1. Zum Strukturbegriff

Bereits unmittelbar nach Erscheinen der „Theory of International Politics“ rief das Werk eine Reihe von Kritikern auf den Plan, die sich zumeist in Form von Rezensionen mit der von Kenneth Waltz entwickelten Theorie auseinandersetzten. Eine der ersten Rezensionen wurde von Richard Rosecrance verfasst. Darin erhebt er gegen Waltz den Vorwurf, dass seine strukturelle Theorie deterministisch sei, da für Waltz „the behavior of an international system is entirely determined by power and number: all other influences represent unit-level phenomena, are reductionist, and have no effect [...]“ (Rosecrance 1981: 708). Auch Richard Ashley wirft Waltz strukturellen Determinismus vor, wenn er behauptet, dass Waltz der Struktur „a life of its own independent from the parts“ (Ashley 1986: 287) zuschreibe.

Dass Waltz in seinem Buch wiederholt dargelegt hat, dass die zwei essentiellen Elemente seiner Theory „the structure of the system and its interacting units" (Waltz 1979: 99) sind, die sich wechselseitig beeinflussen[1], und dass es sein Anliegen ist, die Struktur des internationalen Systems zu erklären mitsamt der von ihr ausgehenden konditionierenden (und *nicht* determinierenden) Bedingungen für staatliches Verhalten, scheint von Rosecrance und Ashley offenkundig überlesen worden zu sein. Ferner hat Waltz wiederholt auf die Begrenzung seines theoretischen Anliegens hingewiesen. „Structures never tell us all that what we want to know. Instead they tell us a small number of big and important things. They focus our attention on those components and forces that usually continue for long periods" (Waltz 1986: 329).

Die von Rosecrance und Ashley geäußerte Kritik am angeblichen strukturellen Determinismus von Waltz bildet jedoch den Boden für eine Reihe bis heute vorherrschender Kritikpunkte an dem Konzept der Struktur von Waltz, die im Folgenden kurz resümiert werden sollen. Im Wesentlichen gibt es hier zwei Linien der Kritik. Zum einen wird die enge Definition von Struktur kritisiert, zum anderen die statische Natur, die die strukturelle Theorie von Waltz kennzeichnet.

1.1 Enger Strukturbegriff?

Von marxistischer Seite ist der Versuch unternommen worden, den vermeintlich positivistischen Ansatz Waltz' durch einen Ansatz, der mit der Vorstellung einer „historical structure", verstanden als „a particular combination of thought patterns [=ideas, ideologies], material conditions and human institutions", verbunden ist, zu ersetzen (Cox 1986: 217). Die Welt, so Cox, könne in einer Theorie repräsentiert werden als „a pattern of interacting social forces in which states

1 „Neither structure nor units determine outcomes. Each affects the other" (Waltz 1986: 328). Und weiter schreibt Waltz: „Structures shape and shove. They do not determine behaviors and outcomes, not only because unit-level and structural causes interact, but also because the shaping and showing of structures may be successfully resisted" (Waltz 1896: 343). Ole R. Holsti (2004: 7) hat richtigerweise festgestellt, dass er Waltz darauf hingewiesen habe, dass „a theory of war must include the system level [...] and not just first [...] or second [...] images".

play an intermediate though autonomous role between the global structure of social forces and local configurations of social forces within particular countries“ (Cox 1986: 225). Auch Richard Ashley kritisiert Waltz aufgrund seines Strukturverständnisses und will – ebenso wie Cox – den Ansatz von Waltz durch einen historisch-soziologischen Ansatz ersetzen. „What we have in neorealism's so called structuralism is the commonsense idealism of the powerful, projected onto the whole in a way that at once necessitates and forgives that power“ (Ashley 1986: 288).

Einen anderen Akzent setzt Immanuel Wallerstein. Ihm zufolge sollte man die Welt als holistische Analyseeinheit betrachten, die er selbst definiert als „a unit with a single division of labour and multiple cultural systems“ (Wallerstein 1979: 5). Die moderne Welt, so Ruggie, ein weiterer Kritiker von Waltz, könne nicht nur als Staatenwelt und nur im Bereich der Sicherheitspolitik erfasst werden. Die Analyse der Weltökonomie sowie – davon abgeleitet – die Trennung von Zentrum, Peripherie und Semiperipherie, die durch ungleichen Austausch und deshalb durch ungleiche Entwicklung in der „world society“ (Ruggie 1986) miteinander verbunden seien, erweise sich zur Abbildung der Realität als weitaus angemessener als der von Waltz entwickelte Strukturbegriff mit seiner Konzentration auf die Staaten und die Machtverteilung zwischen ihnen (Ruggie 1983: 262). Nach Ruggies Auffassung übersieht Waltz die Verbindung zwischen Eigentumsrechten, Kapitalismus und politischer Souveränität (Ruggie 1983: 1986).

Die analytische Trennung zwischen Ökonomie und Politik ist es auch, die Richard Rosecrance sowie Stanley Hoffmann als Kritiker von Waltz auf den Plan ruft. Durch diese Trennung werde der enorme Einfluss, den ökonomische Faktoren auf die internationale Ordnung besitzen, vernachlässigt (Rosecrance 1981: 693; Hoffmann 1987: 125). Justin Rosenberg geht in seiner Kritik am Waltzschen Strukturbegriff noch einen Schritt weiter und bezeichnet die von Waltz aufgrund seines Strukturbegriffes gewonnenen Einsichten für staatliche Aktionen und Interaktionen in der internationalen Politik schlichtweg als Banalitäten (Rosenberg 1990: 294). Als Beschreibung der Realität, so Rosenberg, würde der Neorealismus zu viele Aspekte außer Acht lassen oder vernachlässigen und als ein „set of prescriptive axioms it lets too much in“ (Rosenberg 1990: 285). Der Neorealismus ist für Rosenberg folglich auch keine soziologische Theorie, sondern eine Anleitung für praktische Politik, die im Gewand einer soziologischen Theorie daherkomme (Rosenberg 1990: 285).

Sämtliche bislang referierte Kritik am engen Strukturbegriff von Waltz verkennt jedoch die grundlegenden Annahmen, die Waltz an die Entwicklung einer Theorie stellt, und die in Kapitel II des vorliegenden Buches ausführlich dargelegt wurden. Ferner verkennen die erwähnten Autoren die Tatsache, dass es Waltz mit seiner Theorie darum ging, die internationale Politik als einen eigenständigen Analysebereich mit eigenen politischen Gesetzen (Balance of Power) zu etablieren und die Gesetze ausschließlich unter Rückgriff auf politische Kriterien und Entwicklungen zu erklären. Dass ein solcher Versuch nicht alle Aspekte der Realität internationaler Politik abbilden kann, sondern nur einen kleinen Ausschnitt der Realität, ist Waltz stets bewusst gewesen. Er hat dies bewusst in Kauf genommen, da der Versuch, die gesamte Realität mithilfe einer einzigen Theorie zu erklären, das Problem nach sich zieht, zu viele Variablen berücksichtigen zu müssen, wodurch man nicht mehr in der Lage ist, Gesetze zu formulieren. „I don't think that anybody under the sun would deny the statement that if you *could* have a single theory that would comprehend both, international and domestic, both political and economic matters, all in one theory, hey, that would be a lot of better than a simple theory of international politics. However, *nobody's thought of how to do it*“ (Waltz 1998b: 379, Hervorhebungen im Original, C.M).

Waltz ist sich durchaus der Tatsache bewusst, dass in der realen Welt alles mit allem verknüpft ist. Doch Theorie „isolates one realm from all others to deal with it intellectually“ (Waltz 1990: 26). Die Isolierung bestimmter Bereiche ist die Voraussetzung für Theoriebildung. Ferner ist es schlichtweg falsch, dass Kenneth Waltz der Ökonomie in seiner „Theory of International Politics“ keine Beachtung schenkt. In einem anarchischen Selbsthilfesystem ist es die Kombination von

Machtmitteln, die ausschlaggebend für die Stellung der Staaten im internationalen System ist (Waltz 1979: 131). Und ökonomische Machtmittel sind Teil dieser „combined capabilities“ (Waltz 1982: 679) von Staaten, die Berücksichtigung finden müssen, um die Polarität des internationalen Systems zu bestimmen. Ferner sollte nicht vergessen werden, dass Waltz der Ökonomie und ihrer Rolle in der internationalen Politik ein eigenes Kapitel in der „Theory of International Politics“ widmet und sich sowohl in den 70er Jahren (Waltz 1970) als auch in der jüngsten Vergangenheit (Waltz 1999; 2000c) mit den Auswirkungen globaler ökonomischer Prozesse auf die Erklärungskraft seiner Theorie sowie auf die Außenpolitik der USA beschäftigt hat.

Eine andere, neuere Kritik am vermeintlich engen Strukturbegriff von Waltz üben Konstruktivisten. Drei Elemente sind es, die den Konstruktivismus im Unterschied zu Waltz kennzeichnen.

1. Internationale Politik wird aus ihrer Sicht durch intersubjektive Verständigung zwischen den Akteuren über Werte, Normen und Ideen bestimmt (Checkel 1997; Adler 1997; Finnemore 1996). Damit steht für die Konstruktivisten der „soziale Aspekt der menschlichen Existenz“ (Copeland 2000a: 189) im Vordergrund des Erkenntnisinteresses. Geteilte Ideen, Werte und Normen bilden die ideelle Struktur, die staatliches Verhalten konditioniert. Unterschiede gibt es innerhalb des Konstruktivismus mit Blick auf die Frage, inwieweit die ideelle Struktur die materielle Struktur (wie sie von Waltz beschrieben wurde) überwölbt, also für ihre Bedeutung in der sozialen Realität bestimmend ist (im Sinne eines solchen Verhältnisses argumentiert z. B. Wendt 1999, während Onuf 1989, Dessler 1989 und Der Derian 1995 für eine radikalere Auffassung stehen, die der materiellen Struktur einen noch geringeren Stellenwert im Vergleich zur sozialen Struktur zuspricht).
2. Die Struktur hat auch einen konstitutiven und nicht, wie Waltz argumentiert, einen primär regulativen Effekt auf die Akteure. Konkret bedeutet dies, dass die soziale Identität der Akteure ins Blickfeld genommen wird. Akteure erfahren eine prozessorien-

tierte Sozialisierung, ändern also ihre Präferenzen im Zuge intersubjektiver Verständigung. Interessen und Identitäten sind somit nicht konstant, sondern mit dem Wandel der ideellen Struktur beständig im Fluss.[2]

3. Die Struktur und die Akteure sind nicht getrennt voneinander zu betrachten, da sie sich in einem wechselseitigen Verhältnis konstituieren. Die Struktur beeinflusst die Akteure bei ihrer Interessendefinition und ihrem Rollenverständnis, so wie die Akteure durch den Prozess der intersubjektiven Verständigung über Werte, Normen und Ideen die Struktur konstituieren, also etablieren, beeinflussen und verändern (Wendt 1987; 1992; 1994). Strukturen sind in diesem Verständnis keine verdinglichten, „naturgegebenen" Sachverhalte oder Objekte, die auf die Akteure wirken und von diesen nicht beeinflusst werden können. Strukturen existieren vielmehr erst durch die reziproke Interaktion der Akteure und unterliegen durch diese reziproke Interaktion auch Veränderungen (Hopf 1998). „Structure exists, has effects, and evolves only because of agents and their practices" (Wendt 1999: 185). Soziale Realität, so lautet die Schlussfolgerung aus dem eben Ausgeführten, ist konstruiert und kontingent. Sie ist das Ergebnis sozialen Handelns und kann durch ebendieses verändert werden.[3]

Abschließend kann man sagen, dass ein radikal verstandener Konstruktivismus den wohl schärfsten Angriff nicht nur auf den Neorealismus, sondern auf alle erklärenden Theorien darstellt. Denn der Annahme, dass es eine Realität unabhängig von der menschlichen Vorstellung gibt, die partiell erkennbar ist, setzen radikale Konstruktivisten – die allerdings nicht den Mainstream konstruktivistischer Denker repräsentieren – die Ansicht entgegen, dass Realität ein rein soziales Konstrukt ist. Dem Anspruch, soziale Realität erklären zu wollen, setzt ein solcher Konstruktivismus den Anspruch des Verstehens entgegen (Kratochwil 1989). Soziale Realität, so könnte man überspitzt formulieren, kann man eben nicht im Sinne von überzeitlich gültigen Ursache-Wirkung-Beziehungen erklären. Stattdessen

2 Vgl. die einzelnen Kapitel in Katzenstein (1996).
3 Vgl. auch Tooze/Murphy (1996). Für diesen Hinweis danke ich Pia Eberhardt.

muss man den Prozess des intersubjektiven Austauschs verstehen, der zur sozialen Konstruktion bestimmter Strukturen führt. An die Stelle der Analyse von Kausalitäten tritt damit in der Regel die des Diskurses in seiner Rolle als bedeutungsstiftende Instanz.

Angesichts der Divergenzen hinsichtlich ontologischer und epistemologischer Annahmen sowie methodologischer Ansprüche ist eine Auseinandersetzung mit der radikalkonstruktivistischen Kritik am Strukturverständnis des Neorealismus schwierig, wenn nicht gar nahezu unmöglich. „People whose epistemological suppositions are different talk past and bewilder one another. Different theories draw attention to new objects of inquiry, organize them differently, interchange causes and effects, and address different worlds“ (Waltz 1982: 680).

Dem Konstruktivismus (in seinen diversen Spielarten) geht es, anders als anderen (positivistischen) Kritikern des Neorealismus, nicht darum, vermeintliche Defizite und Widersprüche in der neorealistischen Theorie aufzudecken und diese zum Ausgangspunkt für eigene Theorien oder Theoreme zu benutzen, sondern dem Neorealismus, wie allen positivistischen Theorien, wird rundherum jegliche Erklärungskraft abgesprochen, da ihre grundlegenden metatheoretischen Annahmen als mit der sozialen Realität nicht in Einklang zu bringen, als realitätsfern, erachtet werden.

Die konstruktivistische Kritik am Neorealismus soll hier nicht durch eine Diskussion über die Frage, ob es eine Realität außerhalb der Vorstellungskraft gibt oder nicht, zurückgewiesen werden. Diese Debatte, die in den letzen 15 Jahren nahezu exzessiv geführt wurde (Mansbach 1996), erscheint fruchtlos (vgl. Brecher 1999: 216) und erinnert an die Schlachten, die bereits in den 70er Jahren (während des Positivismusstreites) geschlagen wurden und zumeist ohne eindeutiges Ergebnis ausgegangen sind.

An dieser Stelle sollen lediglich drei Punkte angesprochen werden, die aus meiner Sicht zeigen, dass die konstruktivistische Kritik am Waltzschen Strukturbegriff verfehlt ist.[4]

1. Zunächst einmal sollte festgehalten werden, dass der Konstruktivismus, entgegen seinen eigenen Bekundungen (Wendt 1999) keine systemische Theorie der Internationalen Politik darstellt, sondern im Waltzschen Sinne reduktionistisch ist, da er das Ganze (die internationale Politik) durch eine Betrachtung der Teile (Ideen, Normen und Werte, die allesamt auf der Ebene des Staates zu verorten sind) verstehen will. Somit ist die für Konstruktivisten entscheidende Ebene eine andere als die, die im Vordergrund des Waltzschen Interesses stand und auch heute noch steht (Goddard/ Nexon 2005).
2. Ferner ist David Copeland (2000a: 206) zuzustimmen, wenn er darauf hinweist, dass sich Neorealismus und Konstruktivismus hinsichtlich der zeitlichen Dimension des Erkenntnisinteresses fundamental unterscheiden. Während der Neorealismus eine „problem-solving theory" darstellt (Waltz 1986: 337), ist der Konstruktivismus an historisch-soziologischen Prozessen interessiert[5], die zur Formierung und Veränderung von Interessen, Werten und Normen geführt haben. Er ist somit im Kern keine Theorie[6], sondern ein Theorem, das Entwicklungen ex post zu verstehen, sie ex ante jedoch nicht abzusehen vermag (Walt 1998: 38). Dies ist aber ein zentrales Anliegen des Neorealismus. Historisch-soziologische Prozesse werden von diesem nicht in Abrede gestellt, aber Ziel des Neorealismus ist es, „[to] fix ranges of outcomes and identify general tendencies, which may be persistent and strong ones [...]" (Waltz 1986: 344). Mit seiner auf die Vergangenheit fokussierten Aufmerksamkeit ist der Konstruktivismus jedoch nicht in der Lage, eine anti-neorealistische Antwort auf eines – aus neorealistischer Sicht – der zentralen Probleme zwi-

4 In einem der folgenden Kapitel wird noch auf die konstruktivistische Kritik am Anarchiebegriff von Waltz näher einzugehen sein.

5 Und weist diesbezüglich eine Nähe zur „kritischen Theorie" auf, die am „continuing process of historical change" (Cox 1986: 209) interessiert ist.

6 Gemessen an den von Waltz aufgestellten Kriterien für Theorien.

schenstaatlicher Kooperation zu geben: die Ungewissheit über das Verhalten des Kooperationspartners in der Zukunft, die kooperationshemmend und konfliktfördernd wirkt. Für Konstruktivisten sind Konflikte oder ihre Abwesenheit nicht auf die systemweite Anarchie oder die Machtverteilung zwischen den *units* zurückzuführen, sondern auf durch diskursive Praxis herausgebildete, friedvolle oder konfliktive „Anarchie-Kulturen" (Wendt 1999: Kap. 6). Dabei übersehen sie jedoch, dass Staaten unter der Bedingung der Unsicherheit über das aktuelle sowie das zukünftige Verhalten anderer Staaten agieren und interagieren (Glaser 1992) und dass es die Unsicherheit und die Unvollständigkeit der Informationen über das Verhalten anderer ist, die zu Konflikten und Kriegen in der internationalen Politik führen (Copeland 2000a: 188). Diese Unsicherheit, oder, um es mit John Herz zu benennen, das „Macht- und Sicherheitsdilemma" zwischen Staaten, kann nicht durch intersubjektive Verständigung „weggedacht" (Mearsheimer 1994/95) werden. Sie existiert somit unabhängig von staatlichen Interessen, Motiven, Ideen und Werten.
Die Unsicherheit hat konditionierenden Einfluss auf staatliches Handeln und zwischenstaatliche Interaktion. Bislang hat der Konstruktivismus auf diesen Einwand keine überzeugende Antwort gefunden.[7]

3. Zuletzt sei noch auf einen Punkt innerhalb der konstruktivistischen Debatte hingewiesen, der in sich widersprüchlich ist. Radikale Konstruktivisten, die ausschließlich auf die Bedeutung von Ideen und Identitäten und deren Einfluss auf die Herausbildung von Strukturen und Akteurspräferenzen verweisen, kreieren eine ideelle „Superstruktur", die keinen Platz für eigenständige Akteure lässt, da diese durch Ideen produziert und reproduziert werden. „[I]n such a situation, there is no possibility for transformation of the structure through the actions of agents. The system would continually reproduce itself and change across time resulting from discursive practices would be impossible" (Copeland

7 Zu einer detaillierten Kritik der Wendt'schen Variante des Konstruktivismus vgl. Copeland (2000a) und aus radikalkonstruktivistischer Sicht Kratochwil (2000).

2000a: 197). Dadurch wird der Konstruktivismus zu einem statischen Theorem, das keine Dynamik zulässt. Ursprünglich wurde dem Neorealismus genau dieser Vorwurf gemacht, bildete er doch den Ausgangspunkt für die konstruktivistische Kritik an Waltz.

Nachdem die Kritik am engen Strukturbegriff von Waltz behandelt wurde, gilt es nunmehr, die zweite grundlegende Kritik an Waltz, die ihm die Entwicklung eines statischen Strukturbegriffs vorhält, darzustellen und auf ihre Stichhaltigkeit hin zu hinterfragen.

1.2 Statischer Strukturbegriff?

„Is there no allowance for the study of changes in the state system over the centuries?", fragte bereits unmittelbar nach dem Erscheinen der „Theory of International Politics" Robert Randle (1980: 137). Was Randle 1980 noch ungeschickt mit „state system" bezeichnete, obgleich er die Struktur des Systems meinte, war in den folgenden Jahren bis heute immer wieder ein zentraler Angriffspunkt der Kritiker des Neorealismus. Rosenau und Durfee haben die Frage nach den Bedingungen des Wandels des internationalen Systems als „the most difficult question" (1995: 27) für den Neorealismus bezeichnet.

Da Waltz sich in seiner Theorie nicht mit Wandel der Struktur beschäftige (Ruggie 1983; Lebow 1994; Milner 1992) oder einen Wandel in der Struktur des internationalen Systems ausschließe (Hoffmann 1987: 92), sei der Neorealismus statischer Natur und nicht in der Lage, die realen Dynamiken internationaler Politik zu erfassen. „Waltz‘s theory of ‚society‘ contains only a reproductive logic, but no transformational logic" (Ruggie 1986: 152). Die ausschließliche Konzentration auf Kontinuität und das Ausblenden von Wandel sowie den Gründen von Wandel des internationalen Systems empfindet Ashley als schlichtweg unakzeptabel (Ashley 1986: 265-267). „[...] If the system is simply a set of external restraints given by the number and relative strength of the individual units comprising it, what could change mean beyond variation in the numbers involved and the distribution of weight among them?" (Rosenberg 1990: 295).

In der Tat sieht die Waltzsche Theorie die Möglichkeiten für Wandel des internationalen Systems als relativ begrenzt an. Die „Tiefenstruktur der Anarchie“ (Buzan/Jones/Little 1993: 27) ist für Waltz unveränderlich, sie existiert, egal ob es sich bei den Einheiten um Staaten, Städte oder Stämme handelt.

Wandel findet dann statt, wenn sich das Ordnungsprinzip des internationalen Systems ändert oder wenn sich die Machtverteilung desselben ändert. Ist Letzteres der Fall, so resultieren die Gründe für den Wandel nicht aus der Struktur des internationalen Systems, sondern sind innerhalb der Einheiten des internationalen Systems zu verorten und finden in der Theorie von Waltz durchaus prominente Erwähnung. Mithin thematisiert Waltz ansatzweise durchaus die Möglichkeit von Wandel im internationalen System und des internationalen Systems.

Wenn man sich die Unterscheidung zwischen der systemischen Ebene und der subsystemischen Ebene (die Ebene der Einheiten) vergegenwärtigt, dann wird auch deutlich, warum John Gerard Ruggie mit seinem Vorwurf, der Neorealismus sei nicht in der Lage, den Wandel vom mittelalterlichen System zum neuzeitlichen Staatensystem zu erklären (Ruggie 1983: 273), ins Leere stößt. Die Waltzsche Theorie kann und muss diesen Wandel nicht erklären, da der von Ruggie richtigerweise als „most important contextual change“ (Ruggie 1983: 273) identifizierte Wandel *kein Wandel des* internationalen Systems, sondern *ein Wandel im* internationalen System ist, der zudem noch auf der Ebene der Einheiten (vom territorial fragmentierten mittelalterlichen „Lehensstaat“ hin zum modernen, territorial einheitlich organisierten, souveränen Nationalstaat) stattgefunden hat. Es hat sich bei dieser Entwicklung, auf die auch Rosenberg (1990: 295) in seiner Kritik am starren Strukturbegriff rekurriert, um einen Wandel innerhalb einer Gesellschaft bzw. innerhalb von Staatswesen gehandelt, allerdings unter den Bedingungen systemweiter Anarchie. Will man solche Veränderungen, die Veränderungen innerhalb politischer Einheiten analysieren, so hat Waltz mehrfach betont, müsse dies einer „theory of domestic politics“ vorbehalten bleiben, die eine wünschenswerte und notwendige Ergänzung seiner „Theory of International Politics" sei (Waltz 1986: 33).

Ferner muss man darauf hinweisen, dass eine Theorie, die die Kontinuitätselemente im internationalen System herausarbeitet, die Voraussetzung dafür ist, sich über Wandel, der im internationalen System relativ selten ist, Gedanken zu machen (Buzan et al. 1999: 26). Die Vorteile, die aus einer strikten und damit partiell auch starren Definition von Struktur resultieren, liegen darin, dass dadurch fundamentaler von trivialem Wandel unterschieden werden kann.

Im Prinzip teilt Robert Keohane die Waltzsche Zurückweisung der Kritik seines vermeintlich statischen Strukturbegriffes, gibt aber zu bedenken, dass im Zeitalter „weltweiter Interdependenzen" gesellschaftlicher Wandel auch von außen bewirkt würde, somit die Folge struktureller Einflüsse sei. Und diese stehen nun mal im Mittelpunkt des Waltzschen Interesses. Daraus folgt für Keohane, dass das Struktur-Modell von Waltz den engen Zusammenhang zwischen den inneren Eigenschaften von Staaten und dem internationalen System mit Blick auf einen möglichen gesellschaftlichen Wandel nicht angemessen thematisieren würde (Keohane 1986: 18-20).

Nun hat Waltz, wie schon mehrfach erwähnt, diesen Zusammenhang keineswegs übersehen. Vielmehr betont er ja gerade die sozialisierende Wirkung, die von der Systemstruktur auf das einzelstaatliche Handeln ausgeht (Waltz 1979: 128). Doch er gelangt zu einer anderen Einschätzung als seine Kritiker, was die Konsequenzen dieser Angleichungsprozesse betrifft. Denn die daraus entstehenden Interdependenzen und Dependenzen, d. h. die Erhöhung des Verflechtungsgrades, steigere nicht – wie Keohane es annimmt – die Notwendigkeit der Kooperation. Im Gegenteil: Mit zunehmender Verflechtung steigt für Waltz die Möglichkeit zwischenstaatlicher Konflikte (Waltz 1979: 138; Waltz 1971).

Das Grundproblem der Kritiker des starren Strukturbegriffs von Waltz, der aus ihrer Perspektive nicht in der Lage sei, Wandel zu erklären, liegt darin, dass sie – anders als Waltz – ein Erkenntnisinteresse verfolgen, das auf die Bedingungen, Möglichkeiten und Grenzen von Wandel im internationalen System gerichtet ist. Waltz interessiert die Frage von Wandel jedoch nur sekundär. Im Vordergrund seines Interesses steht die Wirkung der Struktur auf das Verhalten der Einheiten des Systems. Und so lange, wie die Struktur des internationalen Systems durch Anarchie, fehlende Funktionsdifferenzierung sowie durch die Machtverteilung zwischen den Einheiten definiert werden kann, solange produziert und reproduziert die Struktur des internationalen Systems aus neorealistischer Sicht „the same damn things over and over again: war, great power security and economic competitions, the rise and fall of great powers, and the formation and dissolution of alliances. International political behavior is characterized by continuity, regularity, and repetition [...]" (Layne: 1993: 10-11).

Es ist jedoch legitim, Waltz dahingehend zu kritisieren, dass er die wenigen Möglichkeiten von Wandel des internationalen Systems bei der Erörterung seiner Theorie zwar immer mal wieder sporadisch einfließen lässt, sie jedoch stringent nie zusammenfasst. Immer wieder – quasi en passant – thematisiert Waltz Wandel in der Machtverteilung des internationalen Systems, dessen Ursachen in den units liegen. Die Entwicklung von Nuklearwaffen sowie der Aufstieg und Fall von Polen oder Revolutionen, die eine Auswirkung auf die globale Machtverteilung gehabt haben, werden thematisiert, ohne jedoch systematisch zusammengeführt zu werden. Was die grundsätzliche Kritik hinsichtlich der Möglichkeit strukturellen Wandels bei Waltz betrifft, muss jedoch festgehalten werden, dass hier – wie so oft in der Auseinandersetzung mit dem strukturellen Realismus – divergierende Erkenntnisinteressen aufeinanderstoßen. Die Kritik einer Theorie aufgrund eines divergierenden Erkenntnisinteresses ist jedoch streng genommen keine adäquate Kritik, da sie etwas kritisiert, was der andere (in diesem Falle Waltz) nicht leisten wollte: hier, Wandel im internationalen System zu erklären. Die Auseinandersetzung mit dem Strukturbegriff von Waltz, die an dieser Stelle kurz rekapituliert wurde, zeigt ein weiteres fundamentales Missverständnis über die Frage, was Theorie ist und was sie leisten kann und mehr noch, wie Theorie kritisiert werden kann. „Theory, after all is nothing more than an abstract construct imposed on a selected body of objects, events and processes. Provided the logic remains clear and coherent. Many such formulations are both possible and legitimate, the choice among them being made on grounds of usefulness" (Waltz 1979: 8).

Kontrollfragen zu Kapitel 1

- Warum wird der Waltzsche Strukturbegriff als zu eng kritisiert?
- Worin unterscheidet sich die Kritik von Ashley, Cox und Rosenberg von der konstruktivistischen Kritik am engen Strukturbegriff?
- Was verkennen die Kritiker aus neorealistischer Sicht?
- Was sind die Hauptkritikpunkte am statischen Strukturbegriff?
- Wann lässt sich aus der Sicht von Waltz von einem Wandel des internationalen Systems sprechen?
- Warum hat bislang noch kein fundamentaler Wandel des internationalen Systems stattgefunden?

2. Der Staat als einheitlicher Akteur in der internationalen Politik?

Neben der Kritik am zu engen und zu starren Strukturbegriff ist auch eine weitere zentrale Annahme von Waltz, derzufolge Staaten rationale Nutzenmaximierer und die wichtigsten Akteure der internationalen Politik sind, bis auf den heutigen Tag massiver Kritik ausgesetzt. Bereits frühe Auseinandersetzungen mit der „Theory of International Politics" beklagen die Konzentration auf Staaten als einheitlich handelnde Akteure in der internationalen Politik. Sowohl Richard Ashley als auch Robert Cox sind sich darin einig, dass der Einfluss sozialer Gruppen auf die internationale Politik in Waltz' Modell nicht berücksichtigt wird, und es somit ahistorisch sei.

Internationale Politik sei angemessener „[...] represented as a pattern of interacting social forces in which states play an intermediate though autonomous role between the global structure of social forces and local configurations of social forces within particular countries" (Cox 1986: 225).

Seymon Brown (1974) liefert die zeitgeschichtliche Begründung für die Kritik am staatszentrierten Neorealismus. Denn in den 70er Jahren war ein weit verbreiteter Glaube unter Wissenschaftlern, dass „[...] the forces now ascendant appear to be leaning toward global society without a dominant structure of cooperation and conflict – a *polyarchy* in which nation-states, subnational groups, and transnational special interests and communities would all be vying for the support and loyalty of individuals, and conflicts would have to be resolved primarily on the basis of ad hoc bargaining in a shifting context of power relationships“ (186, Hervorh. dort). Diese Hoffnung hat nach dem Ende des Ost-West-Konflikts eine neuerliche Renaissance erlebt, wie auch die deutsche Debatte um „Regieren jenseits des Nationalstaates“ (Zürn 1998) deutlich macht.

Aus dieser Einschätzung heraus ist auch die Trennung, die Waltz zwischen Innen-, Außen- und transnationaler Politik vornimmt, für eine Reihe von Autoren nicht sinnvoll, da die Existenz einer Vielzahl gesellschaftlicher Akteure in der internationalen Politik es nahelegen würde, sich von dem Modell der Staatenwelt zu verabschieden (Czempiel 1991: 86). Waltz, so lautet der gemeinsame Nenner bei seinen Kritikern, ignoriere die Bedeutung, die andere Akteure für die internationale Politik haben. Er äußere sich nicht zu den „[...] conditions of social power within a system which results [...] from the reproduction of the core institutions which reflect its historical character, which position the individuals in term of access to resources and which define the terrain of interaction“ (Rosenberg 1990: 295; ähnlich auch Ashley 1986: 290; Cox 1986: 205). Im Zuge der Debatte um die Auswirkungen der Globalisierung auf die Handlungsfähigkeit von Nationalstaaten ist dieses Argument con variazione erneut in die Debatte eingebracht worden (Scherrer 1994).[8]

Die Kritik an der Annahme des Staates als einheitlicher Akteur wurde in den letzen Jahren von Andrew Moravcsik und Hellen Milner in ein neues Gewand gepackt (Moravcsik 1992; 1993; 1997; Milner 1997). Ihnen zufolge ist der Staat keine fundamentale Variable, son-

8 Eine Zusammenfassung dieser Debatte findet sich bei Link (2001: 56-61).

dern „immer ein prinzipiell wandelbares Produkt der aktuellen gesellschaftlichen Verhältnisse“ (Wolf 2000). Nicht Staaten, sondern Individuen und private Gruppen, die ihre spezifischen Interessen durchzusetzen suchen, sind die fundamentalen Akteure der internationalen Politik.

Aus dieser Annahme folgt zweitens, dass Regierungen von Staaten nicht das Interesse der gesamten Gesellschaft verfolgen, sondern nur die Interessen der innenpolitisch einflussreichsten Gruppen und Personen. Dies tun sie primär, um ihre Macht, die auf der Unterstützung dieser Gruppen beruht, nicht zu gefährden. Die entscheidenden Determinanten staatlichen Außenverhaltens sind somit die Interessen dieser Gruppen und Individuen, die staatliche Präferenzen formen.

In der Waltzschen Terminologie kann eine solche Sichtweise durchaus als „Mikro-Reduktionismus“ (Goddard/Nexon 2005: 12) bezeichnet werden.

Wenn die analytische Trennung von Staat und Gesellschaft sowie von nationaler und internationaler Politik allerdings den Realitäten der Welt im ausgehenden 20. Jahrhundert nicht mehr gerecht wird (Zürn/Zangl 2003: 278), dann, so hat Michael Meimeth (1992: 85) trefflich festgestellt, folgt daraus, dass die traditionelle Vorstellung von staatlicher Souveränität und – damit untrennbar verbunden – internationaler Anarchie[9] als obsolet angesehen werden muss.

Der Kritik an der Annahme des Staates als einheitlich handelnder rationaler Akteur muss auf zwei Ebenen entgegengetreten werden. Zunächst auf einer empirischen und darauf folgend auf einer theoretischen.

Auf einer empirischen Ebene sei an dieser Stelle lediglich auf jene Studien verwiesen, die deutlich herausgearbeitet haben, wie sich der Staat im Zuge zunehmender Interdependenzen oder der Globalisierung an die neuen ökonomischen Rahmenbedingungen anpasst, um seine Funktionsfähigkeit und seine zentrale Stellung in der internationalen Politik zu behaupten, ja sogar, was die Großmächte anbelangt, noch auszubauen (Link 2001; Roloff 2002; Waltz 1999; 2000c).

9 Der Kritik am Waltzschen Anarchiebegriff ist ein eigenes Unterkapitel gewidmet.

All diese Arbeiten haben eines deutlich gezeigt: die Annahme des Staates als einheitlichem Akteur in der internationalen Politik „appear[s] to have a solid empirical grounding [...]" (Grieco 1997: 169).

Auf einer theoretischen Ebene wirft die an der Waltzschen Annahme geübte Kritik eine Reihe von Fragen grundsätzlicher Art auf, die von den zitierten Autoren nicht thematisiert und folglich auch nicht beantwortet werden. Wie lässt sich der Einfluss sozialer Gruppen messen? Werden diese sozialen oder gesellschaftlichen Gruppen bzw. die privaten Akteure nicht durch den Staat repräsentiert bzw. bündelt der Staat nicht die Macht bzw. den Einfluss dieser Akteure? Beruht Macht nicht letztendlich auf dem Vollzug allgemein verbindlicher Entscheidungen und, wenn dies der Fall ist, lässt sich Politik überhaupt ohne staatliche Kategorien denken (Düsberg 1992: 64)? Zuletzt muss die historisch-marxistische, aber auch die liberale Kritik am Neorealismus die Frage beantworten, wie man sich die Staaten anders als strukturbildende Einheiten vorzustellen hat, wenn man akzeptiert, was sowohl Cox und Ashley, aber auch Moravcsik und Milner tun, dass Staaten in der internationalen Politik eine autonome Rolle spielen (vgl. auch Grieco 1997: 164-166).

Die Kritik an der Annahme des Staates als einheitlich handelndem Akteur beruht im Wesentlichen auf einem theoretischen Missverständnis. Die Kritiker dieser Annahme beziehen ihre Kritik auf die Realität und übersehen, dass die Annahme des Staates als einem einheitlich handelnden Akteur bei Waltz eine theoretische ist, deren Zweck die Entwicklung einer Theorie der Internationalen Politik ist. Waltz hat stets betont, dass Staaten nicht die einzigen, aber – aus seiner Perspektive – die wichtigsten Akteure in der internationalen Politik sind,[10] da ihre Interaktionen die Struktur des internationalen Systems formen. „States are not and never have been the only international actors" (Waltz 1979: 93). Dass theoretische Annahmen, wie Theorien generell, von der Wirklichkeit abstrahieren müssen, ist bereits erwähnt worden. Es sei mit Blick auf die Kritik an der Annahme

10 Insofern scheinen Zürn/Zangl (2003) Waltz auch nicht richtig gelesen zu haben, wenn sie mit Blick auf den Neorealismus schreiben: „Die Akteure im internationalen System sind ausschließlich Staaten" (41).

des Staates als einheitlich handelndem Akteur angemerkt, dass Waltz keineswegs so naiv ist, seine Annahme mit der Realität gleichzusetzen, sondern dass er sich bewusst ist, dass Staaten in der Realität nicht unbedingt einheitliche Akteure sind. „The state is in fact not a unitary and purposive actor. I assumed it to be such only for the purpose of constructing a theory“ (Waltz 1986: 339). „In making assumptions about men's (or state's) motivations, the world must be drastically simplified; subtleties must be rudely pushed aside, and reality must be grossly distorted“ (Waltz 1990a: 27). „States pursue many goals, which are often vaguely formulated and inconsistent“ (Waltz 1979: 118). Er selbst konzediert also, dass das internationale System als ein „system of mixed actors“ beschrieben werden kann, um den von Oran Young (1972: 136) in die Debatte eingeführten Terminus zu gebrauchen.

Um eine Theorie zu konstruieren, müssen jedoch klare Annahmen gemacht werden. „The assumptions on which theories are built are radical simplifications of the world and are useful only because they are such“ (Waltz 1990a: 27). Und aus dieser Logik heraus haben die units bei Waltz auch keine konkret fassbare Realität. Sie sind nicht gleichzusetzen mit realen Staaten. Sie stellen „only one analytical facet of an actual state“ (Goddard/Nexon 2005: 26) dar. Waltz schreibt hierzu, dass in seiner Theorie das Konzept des Staates nicht identisch ist mit „real agents or agencies“ (Waltz 1979: 80). Würde man auf eine solche Simplifizierung verzichten, bliebe nur die Möglichkeit „to eschew such theories altogether“ (Waltz 1986: 339).

Kontrollfragen zu Kapitel 2

- Was ist der Hauptinhalt der Kritik an der Annahme des Staates als einheitlichem Akteur?
- Warum ist der Staat für Waltz ein einheitlich handelnder Akteur?
- Kann diese Annahme empirisch kritisiert werden?
- Was lässt sich aus neorealistischer Sicht gegen die Kritik von Moravcsik und Milner einwenden?

3. Anarchie?

Für Waltz ist Anarchie (neben der Balance of Power) eine zentrale Kategorie seiner Theorie der internationalen Politik, die geeignet ist, Prozesse innerhalb des internationalen Systems zu erklären. Für Waltz ist es dieser „Gewalt erlaubende Kontext" (Grieco 1997: 165) des internationalen Systems, der dazu führt, dass Staaten sich als Sicherheitsmaximierer verhalten. Anarchie konditioniert wesentlich sowohl die Ziele, die Staaten im internationalen System verfolgen, als auch die Mittel, die sie zur Verfolgung dieser Ziele einsetzen.

Angesichts der prominenten Bedeutung, die Anarchie in der Theorie von Waltz einnimmt, mag es nicht weiter verwundern, dass ebendiese Charakterisierung des internationalen Systems Kritik ausgesetzt ist. Allerdings ist die Annahme des anarchischen internationalen Systems erst in jüngster Vergangenheit Gegenstand von Kritik, zumeist konstruktivistischer Natur, gewesen.[11] Bis Anfang der 90er Jahre konzentrierte sich die Kritik am Waltzschen Anarchiebegriff nicht auf den Zustand der Anarchie als solchen, dieser wurde allgemein akzeptiert (vgl. Keohane 1984: 1; Czempiel 1991: 30-31; Czempiel 1999: 82-85), sondern auf die daraus gezogene Schlussfolgerung, dass Kooperation zwischen Staaten in Abwesenheit einer gemeinsamen Bedrohung sehr unwahrscheinlich sei. Im Vordergrund stand die Frage, ob und wie die Effekte der Anarchie abgemildert werden könnten (Axelrod 1987; Jervis 1978; Baldwin 1993).

Erst mit dem Aufkommen des Konstruktivismus änderte sich die Stoßrichtung der Kritik. Nun stand die Annahme des anarchischen Zustands des internationalen Systems, so wie ihn Waltz definiert hat, insgesamt zur Disposition. Diese Kritik ist im Wesentlichen mit dem Namen Alexander Wendt verbunden. Er hat sich wie kein Zweiter mit dem Waltzschen Anarchiebegriff auseinandergesetzt, weshalb sich dieses Kapitel auf seine Kritik konzentriert, zumal sie auch wesentlich dezidierter und differenzierter ausfällt, als dies bei anderen

---

11 Eine nicht konstruktivistische Kritik an dieser Annahme findet sich bei Donnelly (2000: 50-54).

Kritikern des Anarchiebegriffs vorzufinden ist (vgl. Alker 1996 [1986]; Guzzini 2001: 5-7; Axelrod 1987).

Wendt bestreitet zunächst einmal nicht, dass das internationale System durch Anarchie gekennzeichnet ist. Er fügt diesen Begriff vielmehr in seine soziale Theorie der internationalen Politik ein. Demzufolge ist Anarchie sozial konstruiert (Wendt 1992). Zunächst einmal ist dies eine Beschreibung, mit der Waltz durchaus einverstanden sein könnte. Denn in der Tat ist Anarchie keine materielle Komponente der internationalen Politik. Wendts Kritik an Waltz, stellvertretend für alle Neorealisten und Realisten, richtet sich in einem zweiten Schritt aber gegen die Folgen, die Waltz der Anarchie zuweist. Denn Wendt versucht nachzuweisen, dass Anarchie ein „empty vessel with no inherent logic“ (Wendt 1999: 249) ist. Aus dem Faktum systemweiter Anarchie könne demzufolge nicht *nur* konfliktives Verhalten zwischen den Einheiten dieses Systems abgeleitet werden. Wenn Anarchie sozial konstruiert sei, dann können der Anarchie auch andere Bedeutungen zugewiesen werden, deren Genese sich in der Interpretation sozialer Realität durch Akteure gründet.

Um das Verhalten von Staaten unter der Bedingung von Anarchie zu verstehen, müsse die konkrete Bedeutung, die Staaten der Anarchie zuschreiben, analysiert werden. Anarchie ist das, was die Staaten daraus machen, lautet Wendts griffige Formulierung (Wendt 1992; 1999: 106).

In der Wendtschen Welt der internationalen Politik sind die Folgen, die Waltz aus dem anarchischen Zustand des internationalen Systems für das Verhalten der Einheiten dieses Systems ableitet, somit nur eine von insgesamt drei vorstellbaren Welten, in denen Staaten agieren und interagieren. „This statement does not mean that ‚anything goes‘ in international life, but that ‚anarchy‘ understood as the absence of a world government can lead to several possible social structures of world politics among which a realist world dominated by the security dilemma is only one“ (Risse 2002: 266).

Ted Hopf hat Wendts Kritik der Waltzschen Anarchie zum Anlass genommen, noch einen Schritt weiter zu gehen. Wenn, so seine Argumentation, Anarchie sozial konstruiert ist und unterschiedlich interpretiert werden kann, dann sei es durchaus vorstellbar, dass „one can begin to theorize about different domains and issue areas of international politics that are understood by actors as more, or less, anarchic“ (Hopf 1998: 174). In einem solchen Verständnis löst sich *die Struktur* des internationalen Systems in *die Strukturen* der (internationalen?) Systeme auf.[12] Eine solche Multiplizierung von Strukturen weist Gemeinsamkeiten mit der Systemtheorie auf, jedoch nicht mit dem Waltzschen Verständnis von System. Dies thematisiert Hopf jedoch nicht.

Wendt geht diesen Schritt jedoch nicht mit, sondern konzentriert seine Analyse auf die verschiedenen Bedeutungen der Anarchie. Ihm zufolge können idealtypischerweise drei „cultures of anarchy“ (Wendt 1999: Kap. 6) identifiziert werden. In jeder dieser Kulturen spielen Staaten – basierend auf ihrem Verständnis von Kultur – gewisse Rollen, die mit Identitäten und diesen entsprechenden Verhaltensnormen einhergehen.

Kooperationsgrad

	Hobbes	Locke	Kant
Erster Grad	X		
Zweiter Grad		X	
Dritter Grad			X

In der Hobbesschen Kultur (die bis ins 17. Jahrhundert hinein dominierte) betrachteten sich die Staaten gegenseitig als Feinde. Gewaltanwendung war in einem solchen Anarchieverständnis ein Instrument des Überlebens. In einer Lockeschen Kultur (die mit dem Westfälischen Frieden entstand) betrachteten sich die Staaten gegenseitig als Rivalen. Gewalt war zwar ein legitimes Mittel, das jedoch nicht eingesetzt wurde, um den Rivalen zu eliminieren. In einem Kantschen Verständnis von Anarchie, das insbesondere in der Moderne zwischen Demokratien Gültigkeit besitzt, betrachten sich die Staaten als Freunde, die Zusammenarbeiten bevorzugen und auf die Anwendung von Gewalt zur Regulierung von Konflikten verzichten (Wendt 1999:

12 Eine solche Auflösung ist von Buzan und Little (1994) vorgeschlagen worden.

258-299). Warum sich Akteure an die jeweils vorherrschende Kultur anpassen, kann dabei unterschiedliche Gründe haben. Diese können machtpolitisch begründet sein (erster Grad: Anpassung als Furcht vor Bestrafung bei abweichendem Verhalten), sie können durch Legitimitätsaspekte motiviert sein (zweiter Grad: Anpassung an Normen, weil sie als legitim erachtet werden) oder sie können durch Norminternalisierung bewirkt werden (dritter Grad: Anpassung, weil Normen nicht nur als legitim, sondern als Teil eines identitären Selbst verstanden werden) (Wendt 1999: 250).

Der klaren Definition von Waltz, der zufolge Anarchie die Abwesenheit systemweiter Herrschaft bedeutet (und somit ein Ordnungsprinzip ist), stellt Wendt ein internationales System entgegen, das sich in eine Raum-Zeit-Matrix aufteilt, in der es zu jeder Zeit drei mögliche Wahrnehmungen von Anarchie und neun mögliche Erklärungsmuster für staatliches Verhalten gibt (durch Kombination der drei Kulturen und der drei Anpassungsgründe).

Zunächst einmal muss Wendts Argumentation entgegengehalten werden, dass sie von der Annahme ausgeht, dass Staaten sich selbst in der Lage sehen, andere Staaten richtig einzuschätzen. Fehleinschätzungen über das zu erwartende Verhalten anderer Staaten können aber katastrophale Folgen haben (wie die britische Einschätzung über Hitlers zu sättigenden Expansionsdrang 1938 deutlich gezeigt hat).[13] Angesichts dieses Risikos, das in der Unvollständigkeit von verfügbaren Informationen über die „wahren" Intentionen des Anderen im internationalen System vorherrschend ist, sind Staaten jedoch äußerst zurückhaltend, in die Kantsche Welt der Kooperation und ewigen Freundschaft einzutreten.

Wendt sieht diesen Punkt selber und wendet demgegenüber ein, dass diese Unsicherheit in der modernen Welt kein großes Problem darstelle, da Staaten voneinander und übereinander lernen könnten. Allerdings gesteht er selber ein, dass das dadurch erworbene Wissen nie hundertprozentig sein könne (Wendt 1999: 281). Gerade der Rest an Ungewissheit und die Möglichkeit von Fehlinterpretationen sind es

13 Vgl. dazu auch Jervis (1976).

jedoch, die zu zwischenstaatlichem Misstrauen führen und die die von Waltz beschriebenen kooperationshemmenden Effekte auf zwischenstaatliches Verhalten haben.[14]

Darüber hinaus ist Wendts Kritik am Anarchie-Begriff ein weiterer Beleg für die These, dass der strukturelle Realismus von den meisten seiner Kritiker nicht richtig verstanden wird. Denn die von Wendt als Alternative angebotenen Anarchie-Kulturen sollen im Grunde genommen nichts anderes als staatliches Verhalten erklären. Die Variationen im staatlichen Verhalten unter der Bedingung systemweiter Anarchie zu erklären, ist aber eine Aufgabe – und dies kann nicht oft genug wiederholt werden – der sich eine Theorie der Außenpolitik stellen muss und über die eine Theorie der Internationalen Politik nur wenig Hinweise geben kann.

Dass sich Staaten unter der Bedingung von Anarchie unterschiedlich verhalten, ist von Waltz nie ausgeschlossen worden. Warum sie sich unterschiedlich verhalten, war jedoch nie sein erkenntnisleitendes Interesse.

Für den Neorealismus reicht es aus, darauf hinzuweisen, dass die Abwesenheit einer systemweiten Herrschaft kooperationshemmend und konfliktfördernd wirken kann, und zwar auf der Ebene des Gesamtsystems, was unter bestimmten Bedingungen die Möglichkeit von Kooperation nicht a priori ausschließt. Insofern handelt es sich bei der Wendtschen Kritik am Anarchiebegriff nicht um eine fundamentale Kritik, sondern eher um einen „ja, aber"-Ansatz (Grieco 2002: 66).

Dass Anarchie im internationalen System existiert und das Handeln von Staaten konditioniert, wird auch von Wendt nicht in Abrede gestellt.

14 An anderer Stelle gibt Wendt sogar zu, dass Verhalten interpretiert werden muss und dass Lernprozesse innerhalb von Staaten schwierig sind (vgl. Copeland 2000a: 201).

Kontrollfragen zu Kapitel 3

- Warum ist Anarchie für Wendt „an empty vessel"?
- Welches Anarchieverständnis stellt Wendt dem von Waltz entgegen?
- Wodurch ist Anarchie bei Waltz gekennzeichnet?
- Worin bestehen die Hauptunterschiede in dem Anarchieverständnis von Waltz und Wendt?
- Warum ist Waltz' Anarchieverständnis flexibler als das von Wendt?

4. Balance of Power?

Ebenso stark wie der Waltzsche Struktur- und Anarchiebegriff stand auch seine Balance of Power-Theorie von Beginn an im Mittelpunkt der Kritik am Neorealismus. Dies ist nicht weiter verwunderlich, ist die Gleichgewichtstendenz in der Waltzschen Theorie doch der Kern, der durch die Struktur des internationalen Systems und durch die von dieser Struktur ausgehenden Einflüsse auf staatliches Verhalten erklärt werden kann. Würde der Nachweis gelingen, dass die Tendenz zur Gegenmachtbildung aus den Waltzschen Annahmen nicht abgeleitet werden kann, dann würde die Waltzsche Theorie gegenstandslos werden und widerlegt sein.

Stanley Hoffmann war einer der Ersten, der die Kritik an der Balance of Power systematisch zusammengefasst hat. Ihm zufolge habe das „klassische" Balance of Power-Verständnis von Waltz so gut wie nichts mehr mit der im Ost-West-Konflikt vorherrschenden „balance of nuclear terror" gemein. „The balance of power and the balance of (nuclear) terror are profoundly different: the former required flexible coalitions and allowed for [...] a willingness to use force in behalf of the equilibrium if deterrence failed [...]; its preservation actually requires abstention from nuclear war" (Hoffmann 1987: 126).

Waltz dürfte mit der Feststellung Hoffmanns keine großen Probleme haben, wie man aus einem seiner Aufsätze (1990b) herauslesen kann. „Er würde jedoch Hoffmanns Kritik durch den Verweis darauf zurückweisen, dass für seine Theorie Nuklearwaffen, wie bereits dargelegt, nur ein möglicher Bestandteil der Machtpotentiale von Großmächten seien, sodass der durch die Systemstruktur vorgegebene Prozess des flexiblen *balancing* sich unabhängig von der Existenz der Nuklearwaffen einstellt. Der Terminus Balance of Power zur Beschreibung der systemweiten Machtverteilung bliebe aus Waltzscher Perspektive somit auch weiterhin zeitgemäß" (Düsberg 1992: 126).

Eine Reihe von Autoren hat darauf hingewiesen, dass die Balance of Power keinesfalls dazu beigetragen habe, Frieden zu garantieren (z. B. Czempiel 1991: 11). Dieser Kritik liegt eine falsch verstandene Gleichsetzung von Balance of Power mit einem Friedenszustand und Ungleichgewicht mit einem Kriegszustand zugrunde (Schroeder 1994). Es war nie die Intention von Waltz, die Balance of Power mit Frieden gleichzusetzen.[15] Mit der Einführung der Balance of Power als dem Herzstück der neorealistischen Theorie wollte Waltz auf die Wahrscheinlichkeit hinweisen, dass die Unabhängigkeit von Staaten durch das Herstellen von Gleichgewichten, durch Prozesse des *balancing* also, bewahrt werden kann (Waltz 1988: 146). Waltz' Argument ist im Kern, dass Balance of Power-Politik durch die anarchisch-dezentralisierte Struktur des internationalen Systems zu erklären ist, nicht dass Balance of Power kriegsverhindernd wirkt (Waltz 1979: 121). Insofern ist die Balance of Power-Theorie in einem doppelten Sinne missverstanden worden. Sie assoziiert Balance of Power nicht mit einem Zustand des Friedens und sie ist nicht deterministisch zu verstehen, in dem Sinne, dass Staaten sich auf jeden Fall gemäß der Balance of Power-Theorie verhalten werden. Balance of Power bezeichnet vielmehr eine Tendenz, die sich unabhängig von staatlichen Intentionen herausbildet. Hat man diese Bedeutung von Balance of Power erst einmal verstanden, so leuchtet es auch ein, warum Waltz auf die empirische Kritik des Historikers Paul Schroeder (1994) an seiner Balance of Power-Konzeption mit der süffisanten Bemerkung antwortet: „What Vasquez takes to be Schroeder's ‚devastating evidence' turns out to be a melange of irrelevant diplomatic lore" (Waltz 1997: 914).

15 Trachtenberg (2003) hat jedoch diese positive Beziehung unlängst empirisch herausgearbeitet, weswegen er den Neorealismus auch provokant als eine Theorie des Friedens bezeichnet (44).

Das Anliegen Schroeders war es, empirisch nachzuweisen, dass Staaten im Zeitraum zwischen 1648 bis 1945 auf Machtkonzentrationen nicht nur mit der Bildung von Gegenmacht geantwortet haben, sondern ihre Antworten vielfältiger waren und dass deshalb die von Waltz formulierte Balance of Power-Theorie zu deterministisch sei. Waltz' Theorie sei nicht in der Lage, die Motive, die Staatsmänner ihren Verhaltensweisen zugrunde legten, richtig zu analysieren. Auch Rosecrance und Stein (1993) sowie Rosecrance und Lo (1996) gelangen in ihren empirischen Untersuchungen zu einem ähnlichen Ergebnis. Die Kritik dieser Autoren, vor dem Hintergrund ihrer eigenen empirischen Arbeiten, lautet deshalb in den Worten Schroeders: „The more one examines Waltz's historical generalizations about the conduct of international politics throughout history [...] the more doubtful – in fact strange – these generalizations become. I cannot construct a history of the European state system from 1648 to 1945 based on the generalization that most unit actors within that system responded to crucial threats to their security and independence by resorting to self-help, as defined above. In the majority of instances this just did not happen" (Schroeder 1994: 115-116).

Der wichtigste Punkt ist bereits erwähnt worden. Es war das Anliegen des klassischen Realismus eines Hans Morgenthau, die Motive staatlichen Handelns offen zu legen.[16] Kenneth Waltz hingegen versucht die Einflüsse, die von der Struktur des internationalen Systems auf das Verhalten von Staaten wirken, offenzulegen. In dieser Perspektive ist die Herausbildung von Macht- und Gegenmachtsystemen – anders als beim klassischen Realismus – unabhängig von staatlicher Intention. Somit muss zunächst festgehalten werden, dass Schroeder, aber auch Rosecrance und seine Ko-Autoren die Morgenthauschen

16 Diese Differenzierung ist wichtig, um die Arbeiten der sogenannten neoklassischen Realisten richtig einzuordnen. Gideon Rose, dem der Terminus „neoklassische Realisten" zuzuschreiben ist, hat das Erkenntnisinteresse derjenigen Autoren, die er zu dieser Art des Realismus zurechnet, wie folgt beschrieben: Neoklassische Realisten sind daran interessiert, wie systemische Variablen durch innenpolitische und persönliche Faktoren gefiltert werden und outcomes produzieren (Rose 1998). Zu diesen neoklassischen Realisten zählen nach Rose Fareed Zakaria, Jack Snyder, Thomas Christensen, Aron Friedberg. Hinzufügen ließen sich noch die Namen William Wohlforth, Randall Schweller, Jonathan Mercer (vgl. Taliaferro 2000/01).

Annahmen kritisieren, nicht jedoch Waltz. Unzulässigerweise subsumieren die genannten Waltz-Kritiker somit Autoren des klassischen Realismus und Waltz zu einem „realistischen Paradigma".

Zweitens liegt den Arbeiten von Schroeder und Rosecrance et al. ein weiteres fundamentales Missverständnis über den strukturellen Realismus zugrunde. Ihr Verständnis von Struktur ist ein deterministisches, das nichts gemein hat mit dem Strukturverständnis von Waltz. Dieser geht von einem wesentlich flexibleren Strukturbegriff aus, wonach die Strukturen nicht staatliches Verhalten vorschreiben, sondern auf dieses wirken. „When external conditions press firmly enough, they shape the behavior of states" (Waltz 2000a: 34).

Wie Staaten sich letztendlich – angesichts des externen Drucks – verhalten, ob systemkonform oder „systemwidrig" (Feaver 2000: 165-169), welche Motive ihrem Verhalten zugrunde liegen, ist eine Frage, die nur eine Theorie der Außenpolitik, nicht aber eine Theorie der Internationalen Politik erklären kann. Um die analytische Reichweite seiner Balance of Power-Theorie zu erklären, soll Kenneth Waltz nochmals selbst zu Wort kommen: „Structural Theory, and the theory of balance of power that follows from it do not lead one to expect that states will always or even usually engage in balancing behavior. [...] Balancing theory does not predict uniformity in behavior but rather the strong tendency of major states in the system [...] to resort to balancing when they have to" (Waltz 2001a: 64-65).

Die Frage, ob Staaten bewusst eine Balance of Power-Strategie verfolgen, ist eine Frage, die nur durch einen Blick in die Staaten beantwortet werden kann. „Whether or not balancing takes place <u>also</u> depends on the decisions of governments (Waltz 1998a: 11, meine Hervorh.).

Diese Frage wollte Waltz mit seiner „Theory of International Politics" jedoch nicht beantworten.

Seitens neorealistisch inspirierter Autoren ist die Waltzsche *Balance of Power-Theory* einer Reihe von Modifizierungen ausgesetzt gewesen, die hier – in gebotener Knappheit – skizziert werden sollen. Die prominenteste Modifikation hat die Balance of Power-Theorie von Waltz durch Stephen M. Walt erfahren. Ausgehend von seiner Doktorarbeit zur Allianzbildung im Nahen Osten (1987) hat er in einer Reihe von einflussreichen Veröffentlichungen (1985; 1997) herausgearbeitet, dass Staaten sich zu Allianzen zusammenschließen, um Balancepolitik gegenüber einer Bedrohung zu betreiben. „ States form alliances to balance against threats“ (Walt 1987: 33). Damit modifiziert Walt die Waltzsche Annahme, wonach Staaten gegen eine Übermacht dazu tendieren zu balancieren. Um dieses Faktum, die „balance of threat“, zu erklären, zieht Walt in seine Analysen nicht nur die Machtverteilung im internationalen System und in regionalen Systemen als erklärende Variable in Betracht, sondern führt auch intervenierende Variablen, wie z. B. geographische Nähe, aggregierte Macht, offensive Intentionen und Perzeption in seine Analyse ein. Nur mit ihrer Hilfe sei es möglich zu erklären, wann und warum eine Macht als bedrohlich empfunden werde. „Ich habe nie geglaubt, dass man mit der Machtverteilung alles erklären kann“ (Walt 1998: 1), lautet Walts implizite Kritik an der Theorie von Kenneth Waltz.

Um die von Waltz aufgestellte Dichotomie zwischen *balancing* und *bandwagoning* aber auch weiterhin aufrechtzuerhalten, definiert Walt *bandwagoning* nunmehr als „alignment with the source of danger“ (Walt 1987: 17).

Anknüpfend an diese Definition von balancing und bandwagoning entwickelt Randall Schweller seine realistische Kritik am Neorealismus. Für ihn verwechseln sowohl Waltz als auch Walt bandwagoning mit strategischer Kapitulation (Schweller 1997: 982) und betrachten bandwagoning ausschließlich als Antwort auf eine Übermacht (Waltz) bzw. eine Bedrohung (Walt). Sie verkennen dabei, so Schweller, dass bandwagoning für Staaten durchaus mit einer Reihe von Vorteilen einhergehen kann (Schweller 1994).

Allianzen sind für Schweller nicht nur das Produkt einer als gemeinsam wahrgenommenen Bedrohung, sondern stellen auch Möglichkeiten zur Gewinnmaximierung dar, insbesondere für „nichtbedrohte“ Staaten. Mittels einer empirischen Analyse weisen Schweller wie auch Schroeder nach, dass bandwagoning bei nicht-bedrohten Staaten öfter vorkommt als balancing (Schweller 1994; Schroeder 1994: 117). „I looked at how unthreatened states respond to opportunities in their environment and found that bandwagoning is a common form of behavior. Especially among dissatisfied states“ (Schweller 1997: 929).

Thomas Christensen und Jack Snyder haben sich ebenfalls der balancing und *bandwagoning-Dichotomie* von Kenneth Waltz angenommen. Ihr Ausgangspunkt ist dabei die Feststellung, dass es eine Spannung zwischen Waltz und den Forschern gibt, die dessen Theorie empirisch testen (Christensen/Snyder 1990: 137). Denn während Waltz nur auf die systemische Ebene rekurriert, wären die meisten empirischen Arbeiten auf der Ebene der units angesiedelt und würden somit außenpolitische Prozesse in den Vordergrund stellen. Insbesondere das *balancing*-Verhalten von Staaten in einer multipolaren Systemstruktur sei in Waltzs Theorie „untertheoretisiert“ (Christensen/Snyder 1990: 167).

Für Waltz, so Thomas Christensen und Jack Snyder, gebe es zwei Fehler, die Staaten in multipolaren Systemen begehen könnten. Entweder sie binden sich selbst an rücksichtslose Verbündete, deren Überleben als notwendig zur Aufrechterhaltung der Balance erachtet wird (in der Terminologie von Christensen/Snyder *chain ganging*), oder sie würden die Bürden und Kosten des Balancierens auf andere Verbündete abschieben (*buck-passing*). Das erste Verhalten, so Waltz, kann den Ausbruch des Ersten Weltkrieges erklären, das zweite Verhalten führte zum Zweiten Weltkrieg (Waltz 1979: 67, 165-169).

Für Forscher, die an dem außenpolitischen Verhalten von Staaten interessiert sind und die Frage stellen würden, wann und warum welcher der beiden Fehler, die Waltz als typisch für staatliches Verhalten in multipolaren Systemen erachtet, eintrete, stelle die Schlankheit der Waltzschen Theorie jedoch ein Problem dar. Sie müssten den Waltzschen Neorealismus „cross-fertilize with other theories before it will make determinate predictions at the foreign policy level“ (Christensen/Snyder 1990: 138).

Um zu erklären, wann Staaten „chain ganging“ und wann „buck-passing“ betreiben, rekurrieren Christensen und Snyder auf die Perzeptionstheorie von Robert Jervis (1976) und fügen Perzeption als intervenierende Variable in ihre Theorie ein (Christensen/Snyder 1990: 144-147). Michael Barnett und Jack Levy (1991) haben in ihren Fallstudien auf die innenpolitischen Faktoren hingewiesen, die die Entscheidung von Staaten, neben der Perzeption und „systemischen Zwängen", zu balancieren auch konditionieren. Oftmals überwiegen – so das Ergebnis dieser Studie – dabei Letztere und führen dazu, dass eine Balance-Politik ausbleibt.

Die Frage ausbleibender Balance gegen Übermacht gewann in der neorealistischen community nach 1990 erneut an Bedeutung, als einige Akademiker eine fehlende Balance-Politik gegenüber der amerikanischen Übermacht auszumachen glaubten (Wohlforth 1999). Insbesondere Stephen Brooks und William Wohlforth (2005; 2008) machten sich in der Folgezeit daran, das Ausbleiben von Gegenmachtbildung realistisch zu ergründen. Ihnen zufolge waren die USA a) zu mächtig und wurden b) von möglichen Rivalen nicht als bedrohliche Macht wahrgenommen, so dass es für andere Staaten keine Anreize gab, entweder durch interne oder externe Machtakkumulation die herausgehobene Position auszubalancieren. Demgegenüber argumentierten Vertreter eines nicht-materialistischen Balance-Begriffes, dass sich sehr wohl balancing-Verhalten feststellen lasse. Pressman (2004) zufolge gibt es verschiedene Vorstufen, wie Kooperationsverweigerung und rhetorischer Widerstand, die zu beobachten sind und die darauf hinweisen, dass Staaten balancing gegen eine Übermacht betreiben wollen. Es sei eben nicht hartes, an der Akkumulation von Machtmitteln orientiertes, sondern weiches balancing, welches Staaten betreiben würden (Pape 2005).

Kenneth Waltz selbst hat immer wieder darauf hingewiesen, dass Balance of Power nicht auftreten muss, obgleich die Struktur viele Anreize für Staaten bietet, Übermacht auszubalancieren. Wenn balance jedoch ausbleibt, dann sind die Gründe dafür zumeist in innenpolitischen Prozessen zu suchen.[17]

17 Vgl. Wohlforth et al. (2007).

Kontrollfragen zu Kapitel 4

- Ist Balance of Power angesichts der Existenz von Nuklearwaffen überhaupt noch aktuell?
- Was bringt Schroeder bei seiner Kritik durcheinander?
- Ist die Waltzsche Balance of Power ein deterministisches Gesetz?
- Welches sind die wichtigsten Adaptionen der Waltzschen Balance of Power Theorie auf neue empirische Phänomene?

5. Ist der Neorealismus degeneriert?

John Vasquez hat einige der eben genannten Autoren (Walt, Schweller sowie Christensen und Snyder) und ihre Versuche, die Waltzsche Theorie in Bezug auf die *balancing* und *bandwagoning*-Dichotomie zu präzisieren bzw. zu verfeinern, zum Anlass für eine fundamentale Kritik des Neorealismus genommen, die im Folgenden näher betrachtet und diskutiert werden soll.

In den Arbeiten von Schweller, Walt sowie Christensen und Snyder sieht Vasquez – unter Rückgriff auf Imre Lakatos (1970) – eine degenerative Problemverschiebung innerhalb des Neorealismus, deren Zweck es ist, die Waltzsche Theorie vor ihrer empirischen Falsifizierung zu schützen, resp. sie zu retten (Vasquez 1997; 1999; 2003). „[T]here is sufficient evidence of degeneration in the neotraditional research program on balancing that a warning flag should be raised on future work in that area“ (Vasquez 2002: 80). Die Konsequenz aus dieser Degeneration des Neorealismus müsse ein „sharp break“ mit dieser Theorie sein (Vasquez 2003). Jeffrey W. Legro und Andrew Moravcsik haben angesichts der Tatsache, dass die sogenannten defensiven Neorealisten[18], wie z. B. Stephen Walt, subsystemische

18 Im Gegensatz zu offensiven Neorealisten, wie z.B John Mearsheimer, gehen defensive Neorealisten davon aus, dass die Struktur des internationalen Systems Staaten nur wenig Anreize zur Machtexpansion bietet. Staaten sind somit eher an der Beibehaltung als an der Verbesserung ihrer Position im Internationalen System orientiert (vgl. Toft 2003). Ferner schenken die meisten defensiven Neorealisten subsystemischen Variablen eine größere Aufmerksamkeit, um staatliches Verhalten zu erklären. Ihnen geht es darum, die „fine-grained structure of power“ (van Evera 1999) aufzuzeigen.

Variablen in ihre Analyse miteinbeziehen, die provokative Frage aufgeworfen, wer eigentlich überhaupt noch Realist sei, wobei sie – anders als Vasquez – dem Neorealismus nicht seine Wissenschaftlichkeit absprechen (1999).[19]

Worin sieht Vasquez aber genau die Degeneration? Mit Lakatos und gegen Popper stimmt Vasquez darin überein, dass eine Theorie nicht falsifizierbar sei, da es immer die Möglichkeiten gebe, empirische Anomalien durch Hilfsannahmen zu erklären. Demzufolge gelte es, nicht eine Theorie, sondern eine Serie von Theorien, die intellektuell miteinander verbundenen sind, zu evaluieren (Vasquez 1997: 900). Von einer intellektuell miteinander verbundenen Serie von Theorien lässt sich dann sprechen, wenn diese Theorien im Sinne von Thomas Kuhn (1991) ein Paradigma teilen, d. h. fundamentale Annahmen „about how the world works" (Vasquez 1997: 900). Um eine solche Theorieserie und das aus ihr hervorgehende Forschungsprogramm beurteilen zu können, ist die Frage entscheidend, ob die theoretischen Ergänzungen, die vorgenommen werden, progressiver oder degenerativer Natur sind. Um diese Frage zu beantworten, operationalisiert Vasquez in einem nächsten Schritt den Terminus degenerativ. Ein Forschungsprogramm ist für ihn degenerativer Art, wenn:

1. die Hilfsannahmen den Charakter von ad-hoc Erklärungen aufweisen, die keine neuen theoretischen Einsichten hervorbringen und
2. die neuen Vorhersagen nicht empirisch untermauert sind und die Theorie kein empirisches „Mehr" gegenüber ihren Vorgängerinnen aufweisen kann (Vasquez 1997: 900-901).

Forschungsprogramme sind somit ausschließlich nach dem Kriterium ihrer Akkuratheit zu beurteilen, „that the new explanations must pass empirical testing" (Vasquez 1997: 901; 2002: 79). Empirische Genauigkeit, Erklärungskraft und – so ergänzt Vasquez in einer neueren Veröffentlichung – politische Relevanz (Vasquez 2002: 79) sind die entscheidenden Kriterien nach denen – im Sinne Lakatos' – Forschungsprogramme beurteilt werden sollen.

19 Zu dieser Debatte vgl. auch Guzzini (2001).

In den Arbeiten der bereits erwähnten Autoren sowie in dem ebenfalls in diesem Kapitel behandelten Aufsatz von Paul Schroeder sieht Vasquez deutliche Indizien für die Degeneration des neorealistischen Forschungsprogramms. Walt, Schweller sowie Christensen/Snyder, so lautet Vasquez' Urteil, haben mit ihren Arbeiten weder neue Einsichten vermittelt, noch haben sie „any excess empirical content", verglichen mit der Waltzschen Theorie (Vasquez 1997: 904-905).

Ihre Ergänzungen/Modifikationen seien eher semantischer denn substantieller Natur (Vasquez 1997: 910). Ihre Versuche, die offenen Fragen in der Anwendung der Waltzschen Theorie auf die Wirklichkeit zu beantworten, haben nicht zu einer Verbesserung des neorealistischen Forschungsprogramms beigetragen, sondern im Gegenteil seine Degeneration bewirkt. Zusammen mit den Analysen von Paul Schroeder, der deutlich gezeigt hat, dass Gegenmachtbildung im Zeitraum von 1648 bis 1945 oftmals nicht stattgefunden hat, zeige sich deutlich „[...] the failure of neotraditional researchers and historians to establish clearly the accuracy of Waltz's balancing proposition that so hurts this theory. If the logical connection between anarchy (as a systemic structure) and balancing is what Waltz claims it to be, and states do not engage in balancing, then this empirical anomaly must indicate some theoretical deficiency" (Vasquez 1997: 910).

Vielmehr hätten die Versuche der drei Autoren, die scheinbaren Anomalien in der Waltzschen Theorie aufzulösen und durch eine „Proliferation von Verbesserungen" (Vasquez 1997: 902) vor ihrer Falsifizierung zu bewahren, dazu geführt, dass die Entwicklung der neorealistischen Theorie einen wechselnden, unzuverlässigen Zug aufweise, der sich niederschlage in (a) der fehlenden Bereitschaft zu klären, welcher Neorealismus der richtige und welcher aufgrund seiner Falsifizierung obsolet sei; (b) einer kontinuierlichen Entwicklung von Hilfshypothesen, um empirische und theoretische Unzulänglichkeiten zu erklären sowie (c) einem Mangel an empirischer Evidenz (Vasquez 1997: 902).

Die Schlussfolgerungen, die Vasquez aus seiner Feststellung, dass es sich beim Realismus/Neorealismus um ein degeneratives Forschungsprogramm handelt, zieht, sind überraschend. Denn sie enthalten die

Forderung, dass die Politikwissenschaft sich vom Neorealismus verabschieden solle, wie dies in Ansätzen auch bei Legro und Moravcsik vorzufinden ist (1999: 5, 54-55); aber er fordert auch Stiftungen dazu auf, keine Gelder für neorealistisch inspirierte Forschung auszugeben. John Mearsheimer ist darin zuzustimmen, wenn er solch ein Verhalten als „beispiellos“ bezeichnet (Mearsheimer 2002a: 62).

Die von Vasquez aufgeworfene Kritik wirft, neben der Frage der empirischen Genauigkeit der Analysen von Paul Schroeder, drei weitere wissenschaftstheoretische Fragen auf. Erstens: Kann man Lakatos' Kriterien auf die Sozialwissenschaften anwenden? Zweitens: Ist es die Intention der von Vasquez referierten Autoren, die Waltzsche Theorie zu „retten“? Und drittens: Handelt es sich beim Neorealismus überhaupt um ein Forschungsprogramm im Lakatosschen Sinne?

Was die Bedeutung von Lakatos für die Sozialwissenschaften anbelangt, so ist die prominente Stellung, die Vasquez ihm zuweist, nicht unproblematisch (vgl. auch Wohlforth 2002; Elman/Fendius 2002; Chernoff 2002). Zunächst einmal sei darauf hingewiesen, dass neuere Studien zeigen, dass Lakatos selbst keine kohärente Wissenschaftstheorie entwickelt hat. Sie ist vielmehr, zieht man, wie es Frank Gadinger (2002) getan hat, neben seinem immer wieder zitierten Aufsatz (1970) auch seine anderen Schriften heran, inkonsistent, missverständlich und lässt viel Raum für Interpretationen. Frank Gadinger spricht gar davon, dass „Lakatos als Instrument für die Sozialwissenschaften ungeeignet ist (vor allem zur Diskreditierung konkurrierender Theorien)“ (Gadinger 2002: 95).

Waltz selbst hat sich in einem kleinen Aufsatz (2003) kritisch über Lakatos geäußert und seine Idee der Forschungsprogramme verworfen. Wenn man wie Vasquez feststellen würde, dass die Hilfshypothesen problematisch wären, dann sollte man doch zuerst fragen, wie gut die ursprüngliche Theorie ist (94), anstatt das Kind (struktureller Realismus) direkt mit dem Bade auszuschütten.

Zentrale Problembereiche sind dabei die folgenden Fragen (Wohlforth 2002: 259; Elman/Elman 2002): Wie kann Konsensus über den harten Kern und den „Schützgürtel“ eines Forschungsprogramms erzielt werden? Was ist ein neues Faktum (Waltz 2003: 94), wann kann man von einer progressiven Problemverschiebung sprechen und wie viele empirische Anomalien sind erlaubt, bevor man von einer Degeneration sprechen kann?

Die Basisannahme Lakatos', dass es keine Falsifizierung gibt, bevor nicht eine bessere Theorie entsteht (1970: 119), birgt für die Sozialwissenschaften eine Reihe von nicht ganz unerheblichen Problemen, die im Folgenden kurz thematisiert werden sollen. Zunächst einmal würde die strikte Anwendung von Lakatos auf die Sozialwissenschaften die Suche nach paradigmatischen Komplementaritäten (Link 1989) zwischen verschiedenen Theorien und Theorieansätzen in der Internationalen Politik zunichte machen. Sie würde die Theoriedebatte in der Internationalen Politik zurückwerfen auf die fruchtlose Auseinandersetzung zwischen verschiedenen „ismen“, die die Debatte (insbesondere die amerikanische) in den 70er und 80er Jahren charakterisiert hat.[20] Ziel jeder theoretischen Auseinandersetzung wäre es dann, den Nachweis zu erbringen, dass andere Theorien falsch seien.

Um keine Missverständnisse zu erzeugen: Vergleichende Theorietests bilden einen Kern des sozialwissenschaftlichen Arbeitens, doch die strikte Anwendung von Lakatos auf die Sozialwissenschaften würde dazu führen, dass man sich nicht die Mühe macht, die Frage zu stellen, ob nicht eine Kombination verschiedener Theorien und Theorieansätze geeignet ist, bestimmte soziale Phänomene zu erklären. Pluralismus würde durch eine solche, auf theoretischen Monismus ausgerichtete wissenschaftstheoretische Orthodoxie verhindert werden (Waever 1996: 155) und die Suche nach der bestmöglichsten Antwort auf realweltliche Probleme, die oftmals theoretisch eklektisches Arbeiten (Katzenstein/Sil 2011) verlangt, würde behindert werden.

Ein Rückzug auf Lakatos würde somit auch ein Rückzug der Sozialwissenschaften aus der realen Welt bedeuten. Denn im Zentrum des Forschungsinteresses stünde dann nicht mehr die Erklärung sozialer Realitäten, sondern die Theorieentwicklung um der Theorieentwick-

20 Zur neueren „ismus“-Debatte vgl. Nicholson (1998) und Neufeld (1995).

lung willen. Ob in einem solchen Anspruch die Zukunft der Sozialwissenschaften liegt, erscheint aus meiner Sicht mehr als fraglich.

Unabhängig von diesen Kritikpunkten stellt sich jedoch vor allem die Frage, ob es sich beim Neorealismus um ein Forschungsparadigma handelt, das durch die Arbeiten von Walt, Schweller et al. degeneriert ist? Zunächst einmal sollte man festhalten, dass es nie die Intention von Schweller, Walt et al. gewesen ist, den strukturellen Realismus von Kenneth Waltz zu verfeinern oder ihn gar durch Hilfshypothesen vor empirischer Falsifizierung zu schützen. Waltz selbst hat wiederholt darauf hingewiesen, dass seine Theorie eine „take-it-or-leave-it"-Theorie sei, die man nicht verändern oder gar auf andere Bereiche übertragen kann (1998b). Die einzige Möglichkeit, die Waltz zulässt, ist die Anwendung seiner Theorie auf neue empirische Phänomene. Da die Theorie nur auf neue Felder anwendbar ist, versteht Waltz sie selbst nicht als Forschungsprogramm (Waltz 1997: 916). Und diese Anwendung ist es, die von den von Vasquez ins Feld geführten Autoren betrieben wurde. Sie alle haben sich in ihren Arbeiten neuen empirischen *puzzles* zugewendet, die allesamt durch die von Kenneth Waltz entwickelte Theorie nicht hinlänglich bzw. zufriedenstellend erklärt werden können bzw. konnten. Dass der Waltzsche Neorealismus diese *puzzles* nicht erklären kann, liegt jedoch nicht an der mangelnden Erklärungskraft des Neorealismus, sondern an der Tatsache, dass Waltz eine Theorie der internationalen Politik entwickelt hat, in der die Struktur des internationalen Systems im Vordergrund steht.

Walt, Schweller und andere wenden sich in ihren Arbeiten jedoch subsystemischen Fragestellungen, wie z. B. der des Verhaltens von Allianzen, zu. Vereinfacht gesprochen interessiert diese Autoren eine andere Ebene der internationalen Politik als Waltz. Ferner – und dieser Punkt ist aus wissenschaftstheoretischer Perspektive von besonderem Interesse – muss es erlaubt sein, die Frage zu stellen, ob Falsifizierungen ausreichen, um eine Theorie zu widerlegen. Denn zunächst handelt es sich bei den Arbeiten der vier Autoren um konkurrierende Erklärungen zu realen Vorkommnissen (Allianzbildung im Nahen Osten bei Walt, Ursachen für Kriege zwischen Großmächten 1914 und 1939 bei Christensen/Snyder sowie Großmächteverhalten vom 16. bis zum 20. Jahrhundert bei Schweller). Aus der Perspektive von Waltz, zieht man die Ausführungen über Theorie und Theoriekritik aus Teil I der vorliegenden Studie in Betracht, reichen konkurrierende Erklärungen nicht aus, um Theorien zu widerlegen. „A theory does not provide an account of what has happened or what may happen. Just as a hammer becomes a useful tool when nails and wood are available, so theory becomes useful in devising an explanation of events when combined with information about them“ (Waltz 1997: 916).

Alle vier von Vasquez analysierten Autoren akzeptieren, dass die von Waltz so prominent in den Vordergrund gerückte Balance of Power wichtige Einsichten vermittelt. Sie dient allen gleichermaßen als Ausgangspunkt für ihre Überlegungen, dass die Balance of Power allein jedoch nur bedingt in der Lage ist, diverse real existierende Phänomene der internationalen Politik zu erklären. Keiner der hier aufgeführten Autoren versteht sich als Helot von Kenneth Waltz, dessen Ziel es ist, das Werk des „Meisters“ zu schützen. „Political Realism is more than a ‚scientific‘ research program, however; it is also a political philosophy or worldview“ (Schweller 1997: 927). Wissenschaftler wie Randall Schweller arbeiten strenggenommen sogar außerhalb der Waltzschen Theorie, da sie zwei zentrale Annahmen dieser Theorie nicht teilen: dass Macht ein Mittel und dass Sicherheit das höchste staatliche Ziel ist. Indem er der realistischen Annahme, wonach Staaten Macht um der Macht willen maximieren, in seinen Analysen einen prominenten Stellenwert einräumt, entfernt sich Schweller vom Boden der neorealistischen Theorie, wie sie von Kenneth Waltz entwickelt wurde (Waltz 1997: 915) und nähert sich dem klassischen Realismus von Hans Morgenthau und Edward Carr an.

Somit ist es äußerst fragwürdig, wenn Vasquez verschiedene Autoren mit unterschiedlichen Forschungsagenden und Erkenntnisinteressen zu einem neorealistischen Forschungsprogramm zusammenschließt. Vasquez betrachtet fälschlicherweise realistische, neorealistische und neotraditionelle Ansätze als ein einheitliches realistisches Forschungsprogramm und vermengt damit unzulässigerweise drei unterschiedliche, sich teils ergänzende, teils aber auch konkurrierende theoretische Ansätze miteinander (Vasquez 1997: 899; Vasquez 2002: 79).

Hinsichtlich der Kritik, die Legro und Moravcsik am Realismus, genauer gesagt an den „realistischen Annahmen" üben (wobei sie ebenfalls Realisten und Neorealisten unter ein Paradigma subsumieren), muss man einwenden, dass diese Kritik auf einer Unkenntnis der neorealistischen Theorie beruht. Für Legro und Moravcsik gehören zu den drei „falschen" realistischen Annahmen, 1) dass es fixe konfliktuale staatliche Interessen gebe, dass 2) Staaten rationale Akteure sind und 3) dass Macht nur materielle Komponenten enthält. Als Kronzeugen für diese drei Annahmen zitieren Legro und Moravcsik Waltz (der bekanntermaßen kein klassischer Realist ist).

Eine genauere Lektüre der „Theory of International Politics" hätte beide Autoren davor bewahrt, solche kapitalen Fehler zu begehen. Es ist im ersten Kapitel dieses Buches deutlich gezeigt worden, dass alle drei Annahmen nicht Waltzsche Annahmen sind. Waltz hat darauf hingewiesen, dass Staaten unterschiedliche Interessen haben können (Waltz 1979: 91), dass Rationalität für ihn keine entscheidende Rolle spielt, da die Strukturen staatliches Handeln durch Wettbewerb und Sozialisation konditionieren (Waltz 1979: 118) sowie dass Macht auch nichtmaterielle Komponenten, wie z. B. politische Stabilität, enthält (Waltz 1979: 131)[21].

Führt man sich diesen Sachverhalt vor Augen, wird der Argumentation von Vasquez (und auch der von Legro und Moravcsik) der Boden entzogen. Für die von Vasquez als unfreiwillige Kronzeugen auf die Anklagebank gezerrten Autoren war und ist der Neorealismus – um Reinhard Meier-Walser (1994) zu zitieren – mehr als Waltz.

Angesichts der hier diskutierten theoretischen und methodologischen Probleme, die mit Vasquez' Kritik einhergehen, erscheint es mehr als zweifelhaft, ob es sich beim Neorealismus in der Tat um ein degeneriertes Forschungsprogramm handelt, das es nicht wert sei, zukünftig weitere Aufmerksamkeit zu erfahren.

21 Vgl. die Antwort William Wohlforth's (2000) auf den Beitrag von Legro und Moravcsik.

Trotz der offensichtlichen Schwächen in der Argumentation von Vasquez sowie von Legro und Moravcsik haben ihre Generalangriffe auf den Neorealismus und den Realismus dazu geführt, dass sich Autoren, die in der Tradition beider Ansätze stehen, damit auseinandergesetzt haben, wie empirisch „härtere“ Tests der Waltzschen Balance of Power-Theorie aussehen könnten. In dieser Debatte hat William Wohlforth (2002) einige wichtige methodische Hinweise gegeben, die im Folgenden kurz skizziert werden sollen. Wohlforth zufolge sollten sich Neorealisten nicht nur auf historische Fälle konzentrieren, in denen Großmächte in ihren Bemühungen, eine hegemoniale Position zu erzielen, gescheitert sind. Interessanter sei es hingegen, diese zu kontrastieren mit Fällen, in denen Staaten, die über die Machtmittel verfügt haben, regionale und/oder globale Hegemone zu werden, bewusst auf eine Hegemonialpolitik verzichtet haben in Anbetracht einer antizipierten Balance-Politik anderer Staaten (Wohlforth 2002: 255, 265). Wenn sich ein solches Verhalten identifizieren ließe, so Wohlforth, könnte dies entscheidend dazu beitragen, die Balance of Power-Annahme von Kenneth Waltz zu bestätigen.

Kontrollfragen zu Kapitel 5

- Was beudetet es, wenn nach Lakatos ein Forschungsprogramm „degeneriert“?
- Wie begründet Vasquez die Degeneration des Neorealismus?
- Ist es legitim, die von Vasquez als Kronzeugen zitierten Autoren zur Kritik an Waltz heranzuziehen? Wenn nein, warum nicht?
- Welche Konsequenzen hat die strikte Übernahme der Lakatosschen Kriterien für die Sozialwissenschaften?
- Wie könnten „härtere Tests“ der Balance of Power konkret aussehen (denken Sie auch über empirische Beispiele nach)?

6. Defensive oder offensive Staaten?

Neben der realistisch inspirierten Kritik an der Balance of Power ist in den letzten Jahren innerhalb der realistischen/neorealistischen Debatte eine Diskussion über die Frage entfacht, ob Staaten im Waltzschen Sinne defensive Positionalisten sind, deren Ziel die Erhaltung ihrer Position im internationalen System ist.

Der bereits im Zusammenhang mit der realistischen Kritik am Waltzschen Balance of Power- Konzept mehrfach erwähnte Randall Schweller hat seit Mitte der 90er Jahre in einer Reihe von Aufsätzen gefordert, dem revisionistischen Staat mehr Aufmerksamkeit zuteilwerden zu lassen. Die Waltzsche Theorie, so argumentiert Schweller, habe eine Status-quo-Orientierung, da sie aufgrund der Tatsache, dass alle Staaten nur an Sicherheit und der Wahrung ihrer Position im internationalen System interessiert seien, eine Welt darstelle, in der es nur „Polizisten und keine Räuber“ gebe. Wenn dem so wäre, d. h. wenn alle Staaten in der Tat nur an der Aufrechterhaltung ihrer Position im internationalen System interessiert wären und wenn nur Sicherheit das höchste Ziel staatlichen Handelns wäre, würde jedoch kein Macht- und Sicherheitsdilemma existieren. Wenn alle Staaten nur die Wahrung ihrer Position im internationalen System als Ziel ihres Handelns verfolgen würden, dann bräuchte sich kein Staat über die Politik eines anderen Staates zu sorgen.

Im internationalen System, so Schwellers Annahme, gebe es jedoch auch revisionistische Staaten, d. h. Staaten, deren Ziel nicht die Wahrung ihrer Position, sondern der Ausbau ihrer Position sei. Einige Staaten würden somit Macht nicht nur um der Sicherheit willen akkumulieren, wie Waltz es angenommen habe, sondern Machtmaximierung um der Positionsverbesserung anstreben (Schweller 1994). Im Unterschied zu Waltz oder Glaser (2011), die annehmen, dass das Hauptziel von Staaten die Verhinderung der Dominanz durch andere Staaten ist, gebe es Staaten, deren Ziel die Dominanz über andere Staaten sei.

John Mearsheimer hat diesen Gedanken aufgegriffen und generalisiert. Ihm zufolge gilt die generelle Regel, wonach „states in the international system aim to maximize their relative power position over other states“ (Mearsheimer 1995/96: 11; 2001). Wenn man es streng nehmen würde, so Mearsheimer, habe Waltz eine idealistische Theorie entwickelt, die eine Welt skizzieren würde, die wünschenswert sei, die es aber realiter nicht gebe (Mearsheimer 2009:

253-254). Die Entwicklung des sog. „offensiven Realismus“, wie er von Mearsheimer vertreten wird, verändert eine zentrale Argumentation der Waltzschen Theorie, die in einem direkten Zusammenhang mit der Kooperationsproblematik steht. Für Waltz, wie auch für Joseph Grieco (1990), sind Staaten primär daran interessiert, die Schere bei der Verteilung relativer Gewinne nicht zu weit zu ihren Ungunsten auseinanderklaffen zu lassen. Kooperation zwischen Staaten ist mithin schwierig, aber nicht unmöglich. Beim offensiven Realismus wird aber genau die Ungleichverteilung relativer Gewinne (zum eigenen Vorteil) zum Ziel staatlichen Handelns. „[...] States seek not to avoid gaps in gains favoring partners but instead to maximize gaps in their favor“, fasst Grieco die Kernaussage des offensiven Realismus treffend zusammen (2002: 70). Wie unter solchen Umständen Kooperation überhaupt zustande kommen kann, vermag der offensive Realismus nicht zu erklären.

Wenden wir uns aber dem Hauptargument des offensiven Realismus zu, das da lautet: Staaten maximieren Macht, um ihre relative Machtposition gegenüber anderen Staaten zu verbessern. Zunächst einmal muss man festhalten, dass diese Feststellung empirisch durchaus zu rechtfertigen ist. Die Geschichte der internationalen Politik kennt zahlreiche Beispiele von Staaten, deren erklärtes Ziel die Erlangung regionaler oder gar globaler Hegemonie oder Dominanz war, und die zur Verfolgung und Erlangung dieses Zieles Macht akkumuliert haben (Dehio 1996).

Die in diesem Kapitel im Vordergrund stehende Frage ist jedoch weniger die nach der empirischen Evidenz der Machtmaximierungsthese, sondern die Frage, ob der Waltzsche Neorealismus – aufgrund seiner behaupteten Status-quo-Orientierung – nicht in der Lage ist, diese Entwicklungen zu erklären.

Zunächst einmal muss festgehalten werden, dass der Vorwurf Schwellers, der Waltzsche Neorealismus sei Status quo-orientiert, nicht zutreffend ist. Es stimmt in gewisser Weise, dass Waltz zuvorderst eine Anti-Hegemonie-Theorie entwickelt hat, die erklären soll, warum Staaten gegen die Konzentration von Macht balancieren. Er hat jedoch nie ausgeschlossen, dass einige Staaten im internationalen

System nach der Erlangung von Hegemonie streben. Denn eine antihegemoniale Theorie macht nur Sinn, wenn es den Versuch der Erlangung von Hegemonie gibt. Demzufolge hat Waltz auch die im ersten Teil des vorliegenden Buches bereits zitierte Aussage getroffen, wonach Sicherheit das Minimalziel aller Staaten ist, Dominanz das Maximalziel einiger. Da es Waltz darum ging, eine Theorie der Internationalen Politik zu entwickeln, die den Einfluss der Strukturen des internationalen Systems auf alle Staaten darlegt, musste er als Ausgangspunkt das Minimalziel nehmen, da dieses Ziel von allen Staaten verfolgt wird. Dass es im internationalen System auch Staaten gibt, die andere, weiterführende Ziele verfolgen, ist von Waltz nie bestritten worden.

An diese Klarstellung, die einem Teil der Kritik von Schweller bereits ihre Berechtigung nimmt, schließt sich die zweite, theoretisch bedeutsamere Frage an, ob die von Waltz entwickelte Systemstruktur (und die von ihr ausgehenden Effekte für staatliche Aktionen und Interaktionen) in der Lage ist zu erklären, warum es Staaten gibt, die sich als defensive Positionalisten verhalten, während andere Staaten im Sinne des offensiven Realismus nach Dominanz streben. Interessanterweise setzt Schweller jedoch, wenn er das Phänomen der revisionistischen Staaten erklären will, nicht bei dieser Frage (oder anders gesprochen: auf der systemischen Ebene) an, sondern rekurriert auf die Ebene der Einheiten, wie dies beim klassischen Realismus der Fall ist.

Mearsheimer hingegen versucht diese Frage ausschließlich unter Rückgriff auf systemische Kategorien zu klären (Brooks 1997). Ihm zufolge liegt der Grund für revisionistisches Verhalten in der systemweiten Anarchie und dem dadurch bestehenden Macht- und Sicherheitsdilemma zwischen den Einheiten des Systems. Denn die Ungewissheit über das Verhalten des anderen[22] führt bei einigen Staaten dazu, dass sie Macht um der Sicherheit willen maximieren, bei anderen Staaten jedoch dazu, dass sie Macht akkumulieren, um andere Staaten zu dominieren und dadurch ihr Macht- und Sicherheitsdilem-

22 „[...] the internal coherence of the neorealist framework itself depends fundamentally on the psychological assumption that actors are characteristically highly fearful" (Brooks 1997: 449).

ma minimieren. Damit liefert Mearsheimer, aber auch Jack Snyder (1991) und Dave Copeland (2000b), die in ihren Arbeiten in eine ähnliche Richtung argumentieren, das Argument gegen Schwellers Status-quo-These, da die zwischen Staaten existierende Unsicherheit die Varianzen im staatlichen Verhalten erklären kann. Die entscheidende Frage ist jedoch, welche Konsequenzen aus der Unsicherheit gezogen werden. Dies kann der Waltzsche Neorealismus als Theorie über die Struktur des internationalen Systems nicht erklären. Dazu ist es notwendig, in die *black box* des Staates zu schauen. Waltz hat diese Notwendigkeit jedoch immer wieder betont. „Causes at the level of the units interact with those at the level of the structure" (Waltz 1990a: 34).

Der offensive Realismus stellt keine Alternative zum Waltzschen Neorealismus dar, sondern er ist vielmehr eine hilfreiche Ergänzung. Während der Neorealismus von Kenneth Waltz eine Theorie ist, die die Auswirkungen der Systemstruktur für alle Staaten in diesem System herausgearbeitet hat, ist der offensive Realismus in der Version von John Mearsheimer eine Theorie, die, ausgehend von Waltz, das Verhalten von Großmächten und Regionalmächten thematisiert. Ihr Fokus ist somit enger als der des Waltzschen Neorealismus.

Eine Alternative stellt er auch deshalb nicht dar, weil der Neorealismus von Waltz eine zentrale Frage des offensiven Realismus besser beantworten kann als dieser selbst. Nämlich die, warum es bislang noch keinem Staat gelungen ist, globale Hegemonie oder Dominanz zu erlangen. Denn „*once* a power-maximizing state comes into being and begins to operate in the international system [...] one would expect to see balancing against that highly assertive state" (Grieco 2002: 70; Toft 2003). Dies ist der Kern der Waltzschen Theorie. „In international politics overwhelming power repels and leads others to try to balance it" (Waltz 2002: 52).

Schlussendlich muss aber auch betont werden, dass die Differenzen innerhalb dieser neorealistischen Debatte von einigen Protagonisten beider Seiten übertrieben werden. Denn in letzter Konsequenz handelt es sich bei der Auseinandersetzung zwischen defensiven und offensiven Neorealisten eigentlich eher um eine empirische denn um eine theoretische Debatte, bei der sich oftmals die Argumente überlappen. Denn die Faktoren, die aus der Sicht der offensiven Realisten zu Expansionsstreben führen, können, wenn sie abwesend sind, aus Sicht der defensiven Realisten die Status-quo-Orientierung von Staaten erklären (Snyder 2011: 67-72).

Kontrollfragen zu Kapitel 6

- Worin besteht der Hauptunterschied zwischen offensiven und defensiven Neorealisten?
- Worin unterscheiden sich offensive Neorealisten wie Mearsheimer und Schweller?
- Ist der offensive Neorealismus eine Alternative zu Waltz?
- Wie lassen sich offensiver und defensiver Neorealismus sinnvoll miteinander verbinden?

7. Die Vernachlässigung internationaler Institutionen?[23]

„[W]e must not only take account of […] the relative [...] power capabilities of states […], but we must also comprehend world political institutions [...]" (Keohane 1989: VII). Mit diesem Satz lässt sich knapp und bündig eine der ältesten und seit Erscheinen der „Theory of International Politics" wichtigsten Kritiken am Waltzschen Neorealismus in den Worten eines Mannes, der bis in die 90er Jahre hinein die Rolle des Antipoden von Waltz eingenommen hat, Robert Keohane, ausdrücken.

Die von Keohane (sowie seinen Schülern, auf die an dieser Stelle nicht näher eingegangen werden soll) in zahlreichen Schriften[24] dar-

23 Da die Kontroverse zwischen Neorealisten und Neoinstitutionalisten nunmehr seit zwanzig Jahren schwelt und man mit der Literatur zu dieser Kontroverse ganze Bibliotheken füllen kann, beschränke ich mich in meinen Ausführungen auf einige wenige zentrale Aspekte. Für eine tiefgreifende Debatte vgl. Baldwin (1993).

24 Vgl. die Auswahlbibliographie der wichtigsten Veröffentlichungen von Keohane bei Gourevitch (1999: 7-11).

gebrachte Kritik an der Theorie von Kenneth Waltz konzentriert sich auf folgende Kernpunkte:[25]

Für Keohane ist die internationale Politik nur angemessen zu verstehen, wenn man berücksichtigt, dass Dezentralisierung und Institutionalisierung „strukturbildende Eckpfeiler" (Düsberg 1992: 47) staatlichen Handelns sind (Keohane 1989: 1). Dabei stimmt Keohane durchaus den Waltzschen Annahmen zu. Auch für ihn ist das internationale System anarchisch-dezentralisiert. Doch die von Keohane als „grand systemic theory" oder „sophisticated realism" (Keohane 1998: 95) bezeichnete Theorie von Waltz kann für ihn nur den Ausgangspunkt für eine Analyse und für das Verständnis von Weltpolitik bilden.

Denn staatliche Politik, so Keohane, wird nicht nur durch die Abwesenheit von globaler Herrschaft konditioniert, sondern auch durch Regeln, Normen und Konventionen, die sich zwischen Staaten herausgebildet haben. Insbesondere internationale Institutionen hätten einen entscheidenden Einfluss auf staatliche Politiken, da sie den Informationsfluss zwischen den Staaten aufrechterhalten, die Möglichkeit zu Verhandlungen bieten und durch sie Übereinkünfte getroffen werden, deren erwartete Gültigkeit und Dauerhaftigkeit eine konfliktregulierende Wirkung erzielen (Axelrod/Keohane 1985). Mit anderen Worten: Internationale Institutionen, die Keohane definiert als „sets of practices and expectations" (Keohane 1984: 246; 1989: 3), verringern die zwischen Staaten bestehenden Unsicherheiten im internationalen System, weil sie den Informationsfluss zwischen Staaten permanent aufrechterhalten und damit die Basis für dauerhafte Kooperation zwischen Staaten schaffen. Informationsverteilung wird dadurch für Keohane, neben der Machtverteilung, die zweite entscheidende „systemic variable in world politics" (Keohane 1984: 245).

Internationalen Institutionen kommt für Keohane eine wichtige konfliktregulierende Wirkung zu, insofern ihr besonderer Wert für Staaten nicht nur darin liegt, im Rahmen von Institutionen ihre nationa-

25 Zu einer ausführlichen Darstellung vgl. Düsberg (1992); Gourevitch (1999) sowie Zangl (2003).

len Interessen durchzusetzen, sondern darin, dass sie einen Beitrag zur Lösung unerwarteter Probleme leisten können und somit potenzielle Krisenbewältigungsmechanismen bereitstellen. „[...] States turn increasingly to international institutions to achieve their purposes. Chiefly because institutions reduce the informational and other transaction costs of action. [...] International institutions reduce the costs of operating within institutional rules and increase the costs of violating them" (Keohane 2000/01: 204). Dadurch erlangen internationale Institutionen für Keohane den Status unabhängiger Variablen, die staatliche Interessen ändern bzw. modifizieren können (Keohane/Martin 1999).

Staatliches Handeln orientiert sich somit nicht nur am Selbstinteresse, sondern auch an den antizipierten positiven Effekten dauerhafter institutionalisierter Kooperation, wenngleich Keohane an keiner Stelle darauf eingeht, wie die von ihm identifizierten positiven Effekte (Informationsfluss und Reduktion von Transaktionskosten) für die empirische Forschung operationalisiert werden können (Keck 1991: 646).

Dies sind – in aller Kürze – die Kernaussagen des neoliberalen Institutionalismus. Dabei ist es jedoch unklar, ob sich der von Keohane entwickelte neoliberale Institutionalismus als Ergänzung oder als Alternative zum Neorealismus versteht.

1984 war es das Ziel Keohanes, den Neorealismus von Waltz zu modifizieren. In den 90er Jahren hingegen formulierte er dezidiert das Anliegen, eine Alternative zum Waltzschen Ansatz zu entwickeln, während er im Jahr 2000 dem Neorealismus die Hand reichen wollte, „[...] to synthesize different insights [...]" (Keohane 2000/01: 204).

Unabhängig von der eigenen Unklarheit bezüglich der Rolle, die der neoliberale Institutionalismus einnehmen will, muss man zunächst festhalten, dass er keine Alternative zur systemischen Theorie von Kenneth Waltz darstellt, da er, wie dies auch bei anderen Kritikern von Waltz der Fall ist, keine systemische Alternative formuliert.

Keohanes Version des neoliberalen Institutionalismus ist ein subsystemischer Ansatz, der primär aus der Beobachtung der Aktionen und

Interaktionen in der OECD-Welt entwickelt wurde. Keohane ist sich dieses Problems durchaus bewusst, formuliert jedoch den Anspruch, „[...] that the theory presented here is relevant in any situation in world politics in which states have common or complementary interests that can only be realized through mutual agreement“ (Keohane 1984: 247). Diese Klarstellung macht aber auf ein anderes Problem aufmerksam, nämlich dass es durchaus Situationen gibt, in denen diese gemeinsamen oder komplementären Interessen nicht vorhanden sind. Somit kann der neoliberale Institutionalismus nur erklären, warum Kooperation zustande kommt. Dies kann aber auch der Neorealismus von Kenneth Waltz, und zwar besser, da er auch erklären kann, warum es gemeinsame Interessen zwischen Staaten gibt, indem er auf die Machtverteilung verweist.

Des Weiteren liegt ein fundamentales Missverständnis des neoliberalen Institutionalismus darin begründet, dass er die Bereitschaft von Staaten (insbesondere von machtvollen), in internationalen Organisationen zusammenzuarbeiten, mit einer Notwendigkeit zur Zusammenarbeit verwechselt (Glaser 2003: 411). Dass es durchaus im Interesse von Großmächten liegen kann, in internationalen oder regionalen Organisationen zu kooperieren und dabei sogar auf einen Teil ihrer Souveränität zu verzichten (wie dies insbesondere bei der europäischen Integration der Fall ist), ist von Neorealisten nie in Abrede gestellt worden.

Ferner hat sich Keohane bei der Entwicklung des neoliberalen Institutionalismus primär auf den Problembereich der internationalen Ökonomie konzentriert. Volker Düsberg hat überzeugend dargelegt, dass Keohane, wenn er im Allgemeinen von Institutionen redet, politisch-ökonomische Institutionen (wie IWF oder OPEC) im Sinn hat und sicherheitspolitische Fragen ausklammert.

Somit handelt es sich bei Keohanes Theorem um einen auf die „westliche“ Welt und den ökonomischen Bereich begrenzten Ansatz, der keine Alternative, sondern bestenfalls eine Ergänzung zum Waltzschen Neorealismus darstellt.

Für die Frage der Sicherheitspolitik ist dieser Ansatz jedoch nur bedingt geeignet. Neuere Studien haben gezeigt, dass sicherheitspolitische Institutionen kaum Einfluss auf staatliche Präferenzen und staatliches Verhalten haben (Bennett/Stam 2000; Masala 2003).

Ein weiterer Punkt, der Erwähnung finden sollte, ist die weitverbreitete Auffassung, dass der neoliberale Institutionalismus von Keohane sowie der Waltzsche Neorealismus die gleichen Annahmen über die Struktur des internationalen Systems teilen. Diese weitverbreitete Auffassung muss bei genauerer Lektüre der Werke beider Autoren modifiziert werden. Zwar ist es durchaus richtig zu behaupten, dass sowohl Waltz als auch Keohane die Struktur des internationalen Systems als anarchisch-dezentralisiert betrachten, allerdings haben beide ein unterschiedliches Verständnis von Anarchie. Während Waltz Anarchie als die Abwesenheit von Herrschaft definiert und als Ergebnis der internationalen Anarchie die Furcht von Staaten vor Dominanz ausmacht, beschränkt sich Keohane in seinem Verständnis von Anarchie lediglich auf den Aspekt der Abwesenheit von Herrschaft. In diesem begrenzten Verständnis von Anarchie (Grieco 1997) sind Staaten für Keohane rationale Egoisten, wohingegen Waltz sie als defensive Positionalisten betrachtet, die über die Verteilung relativer Gewinne besorgt sind.

Während für Keohane Staaten danach streben, ihre Kooperationsgewinne absolut zu mehren, betont Waltz (und mit ihm Grieco), dass Staaten danach trachten, relative Kooperationsgewinne anderer Staaten zu verhindern.

Diese unterschiedliche Einschätzung staatlichen Verhaltens resultiert somit aus einer unterschiedlichen Einschätzung der Auswirkungen systemweiter Anarchie auf staatliches Verhalten und zwischenstaatliche Beziehungen. Der daraus resultierende Hauptunterschied besteht in der Einschätzung der Dauer von kooperativen Beziehungen. Aus neorealistischer Perspektive ist dauerhafte Kooperation nur dann möglich, wenn eine – in der Wahrnehmung der Akteure – gleichmäßige Verteilung relativer Gewinne garantiert wird oder wenn Kooperation hegemonial strukturiert ist (Meimeth 1992). Aus neoinstitutionalistischer Sicht ist dauerhafte Kooperation jedoch auch in Abwesenheit dieser beiden Bedingungen möglich (Haftendorn/Keck 1997).

Mit dem Ende des Ost-West-Konflikts ist der neoliberale Institutionalismus in eine Krise geraten, da die bestehenden Institutionen (sei es im Bereich der Sicherheitspolitik oder im Bereich der Weltwirtschaft), die im Verlauf der macht- und ordnungspolitischen Auseinandersetzung zwischen den USA und der UdSSR gegründet wurden, sich als zunehmend unfähig erwiesen haben, staatliches Verhalten zu beeinflussen. Auf diese Krise der Theorie hat der neoliberale Institutionalismus reagiert und sich dem Neorealismus angenähert (Mearsheimer 1994/95). Denn nunmehr rückt die strukturelle Perspektive zusehends stärker in das Blickfeld neoliberaler Institutionalisten (Keohane 2012: 133-135) und die Einsicht greift Platz, dass „even sticky institutions can collapse if the systemic changes are too farreaching" (Keohane/Wallander 1997). Und nichts anderes behauptet Waltz.

Kontrollfragen zu Kapitel 7

- Welches sind die Grundannahmen des neoliberalen Institutionalismus?
- Ist der neoliberale Institutionalismus eine Alternative zum Neorealismus?
- Warum beurteilt der neoliberale Institutionalismus die Chance für dauerhafte Kooperation optimistischer als der Neorealismus?
- Welche Rolle spielt dabei die zwischenstaatliche Anarchie?
- Wie beurteilt der Neorealismus die Möglichkeit zwischenstaatlicher Kooperation?
- Welche methodischen Probleme existieren, die Annahmen des neoliberalen Institutionalismus empirisch nachzuweisen?

8. Das Ende des Ost-West-Konflikts. Eine Bankrotterklärung für den Neorealismus?

Die bisher wiedergegebene Kritik an der Theorie von Kenneth Waltz nahm ihren Ausgangspunkt zumeist von grundsätzlichen theoretischen Überlegungen.[26] Die daneben ebenfalls seit 1979 existierende empirische Kritik hat in diesem Kapitel des Buches eine nur nachgeordnete Berücksichtigung gefunden. Als in den Jahren 1989 bis 1990 die Bipolarität zu Ende ging, sich der macht- und ordnungspolitische Konflikt zwischen den Systemantagonisten USA und UdSSR auflöste, nahmen zahlreiche Wissenschaftler dieses Ereignis zum Anlass, dem Neorealismus nunmehr endgültig den Totenschein auszustellen. Wie stichhaltig die Argumente dieser Kritiker waren und sind, soll in diesem Kapitel nachgegangen werden.

Die Tatsache, dass Kenneth Waltz das Ende der macht- und ordnungspolitischen Auseinandersetzung zwischen der Sowjetunion und den USA (Link 1988a) nicht abzusehen vermochte, hat ein Großteil der Kritiker des Neorealismus nach dem Ende des Ost-West-Konfliktes zum Anlass genommen, dem Neorealismus im Allgemeinen eine Absage zu erteilen. Es sei eine „Peinlichkeit" für den Neorealismus (Kratochwil 1993), das Ende der historischen Konfliktformation, die über 50 Jahre lang die internationale Politik konditionierte, nicht prognostiziert zu haben. Die grundlegende theoretische Kritik, auf die der Vorwurf rekurrierte, war die bereits erwähnte behauptete statische Natur des Neorealismus, der zu sehr auf die Stabilität bipolarer Systeme fokussiert gewesen sei und den Wandel des Systems und die Quellen dieses Wandels nicht thematisiert habe (Ruggie 1986: 148-152; Lebow/Risse-Kappen 1995: 1-5). Aus diesem Grund sei der Neorealismus nicht in der Lage gewesen, die fundamentalen Entwicklungen, die zum Ende des Ost-West-Konfliktes führten, zu antizipieren, ja selbst in dem Moment, in dem sie erkennbar waren, zu bemerken (Gusterson 1999; Hopf 1993). Da der Neorealismus das internationale System als eines charakterisiere, in dem die Staaten unter der Bedingung von Anarchie agieren und interagieren, werde Weltpolitik als Nullsummenspiel verstanden, in dem Staaten darum bemüht seien, ihre relative Position zu erhalten und zu diesem Zwecke balancieren. Unter einer solchen Perspektive sei friedlicher Wan-

26 Eine Ausnahme bildet hier die Kritik von Schroeder, die empirischer Natur ist, von Vasquez jedoch zum Ausgangspunkt einer grundsätzlich wissenschaftstheoretischen Kritik genommen wurde.

del nahezu ausgeschlossen. Die grundlegenden Annahmen des Neorealismus machten seine Protagonisten „blind“ (Petrova 2003: 118) für die existierenden Signale des sowjetischen Zerfalls. Die aus dem Ende des Ost- West-Konflikts von Kritikern des Neorealismus gezogene Schlussfolgerung lautete deshalb, dass der Neorealismus mit seiner Konzentration auf die systemische Ebene Prozesse auf der Ebene der Einheiten nicht nur vernachlässigen würde, ein bereits seit geraumer Zeit existierender Vorwurf, sondern geradezu „verdunkeln“ würde (Evangelista 1993; Koslowski/Kratochwil 1995). Er sei deshalb, so konzediert selbst ein Weggefährte Morgenthaus, „more questionable than ever“ (Tucker 1992/93: 33).

Die neorealistische Annahme, wonach Staaten in ihrem Außenverhalten nur von ihrem nationalen Interesse nach Sicherheit angetrieben würden, verkenne den Einfluss, den Ideen und nicht-materielle Faktoren auf die Politik von Staaten haben (Lebow 1995). Ferner würde der Neorealismus gänzlich den Einfluss von Personen auf politische Entscheidungen negieren. Das Ende des Ost-West-Konflikts hätte durch andere Personen mit anderen Ideen in der sowjetischen Staats- und Parteiführung durchaus nicht herbeigeführt werden können, oder die Auseinandersetzung zwischen den USA und der Sowjetunion hätte auch andere, gewalttätige Formen annehmen können (Herrmann 1994; English 2000).

Ein weiterer Vorwurf methodischer Art lautet in diesem Zusammenhang, dass der Neorealismus nur simple Korrelationen und keine kausalen Mechanismen entwickelt habe. Das Ende des Ost-West-Konflikts habe aber gezeigt, dass „a causal theory showing how and why the postulated factors affected/caused the outcomes in question“ (Petrova 2003: 121)[27] gebraucht werde, die der Neorealismus, entgegen seinen eigenen Bekundungen, nicht sei. Hinter dieser Feststellung steht nichts anderes als der Vorwurf, dass die neorealistische Theorie von Kenneth Waltz in ihrem Kern unwissenschaftlich ist.

Kurzum: Das Ende des Ost-West-Konflikts und die Unfähigkeit der neorealistischen Theorie ihn zu prognostizieren (Ray/Russett 1996)

27 Grundsätzlich dazu Hechter (1995); Dessler (1991).

hat den Anlass zu einer Welle von Neorealismus-Kritik geboten. Wie stichhaltig ist aber diese Kritik?

Zunächst einmal muss festgehalten werden, dass der Neorealismus in der Tat das Ende des Ost-West-Konflikts nicht prognostiziert hat. Aber er befindet sich damit in unguter Gesellschaft zu allen gängigen Theorien Internationaler Politik. Keine von diesen war in der Lage, das Ende des Ost- West-Konflikts, in der Art und Weise wie er endete, vorherzusehen (Gaddis 1992/93). Es bei diesem Kommentar zu belassen, wäre jedoch sehr verkürzt, da wesentliche Punkte der Kritik damit außen vor gelassen würden und unwidersprochen weiterhin in der Debatte stünden.

Methodisch betrachtet könnte man auf den Vorwurf, dass die Art und Weise, wie der Ost-West-Konflikt endete, eine Peinlichkeit für den Neorealismus gewesen sei (woraus die Unbrauchbarkeit der Theorie resultiere) einwenden, dass es sich bei den Ereignissen der Jahre 1989/90 um einen Einzelfall handelt. Aus einem Einzelfall generelle Schlussfolgerungen für eine Theorie zu ziehen, wie dies z. B. Koslowski und Kratochwil getan haben (1995), ist jedoch nicht unproblematisch. Aus der Methodenlehre wissen wir, dass Einzelfälle, auch wenn es sich um historisch bedeutende Einzelfälle handelt, wie dies beim Ende des Ost-West-Konflikts sicherlich der Fall gewesen ist, nur sehr bedingt dazu geeignet sind, Theorien zu widerlegen, bzw. die aus diesen Theorien abgeleiteten Hypothesen zu falsifizieren (Peters 1998: 137-141; Oye 1995; Walt 1997). Von daher ist es voreilig, dem Neorealismus seine analytische Brauchbarkeit aufgrund eines Falles abzusprechen, in dem die neorealistische Theorie nicht in der Lage gewesen ist, sein Eintreten ex ante vorherzusehen.

Der dritte Einwand, dem an dieser Stelle widersprochen werden soll, bezieht sich auf den Vorwurf der mangelnden prognostischen Fähigkeiten des Neorealismus. Wie bereits an anderer Stelle in diesem Buch ausgeführt, war und ist Kenneth Waltz mit Blick auf seine eigene Theorie, wie generell mit Blick auf sozialwissenschaftliche Theorie, skeptisch hinsichtlich ihrer prognostischen Fähigkeiten. Sein Ziel war es stets zu erklären und nicht zu prognostizieren. Angesichts dieses selbstgesteckten Anspruches greift der Vorwurf der mangelnden Prognosefähigkeit des Neorealismus ins Leere.

Der Neorealismus ist eine systemische Theorie, die keine Aussagen über einzelne Ereignisse treffen will. Sie will und kann nur generelle Trends und Tendenzen prognostizieren und nicht ein konkretes Ereignis x zum Zeitpunkt t (Wohlforth 1994/95). Neben diesen methodischen Entgegnungen ist es aber auch notwendig, auf den konkreten Inhalt der Kritik einzugehen. Hierzu seien zwei Punkte angemerkt.

Bei dem Ende des Ost-West-Konflikts, das durch den Fall der Mauer, die Implosion des Sowjetreiches und die Auflösung der Warschauer Vertrags-Organisation bewirkt wurde, handelte es sich nicht um einen Wandel des internationalen Systems, sondern um einen Wandel im internationalen System, der wiederum Auswirkungen auf die Struktur des internationalen Systems, insofern die Machtverteilung betroffen ist, hatte. Dass der Wandel im internationalen System maßgeblich durch den Wandel der sowjetischen Politik verursacht wurde, also durch einen Wandel, der sich auf der Ebene der *units* vollzogen hat, ist seitens des Neorealismus nie in Abrede gestellt worden. „Structural change begins in a system's unit, and then unit-level and structural-causes interact" (Waltz 1993: 49).

Doch mit dem Ende des Ost-West-Konflikts ist kein fundamentaler Wandel des internationalen Systems einhergegangen. Zwar hat sich die Machtverteilung einschneidend verändert (im militärischen Bereich von der Bi- zur Unipolarität), doch reicht diese Veränderung in der Machtverteilung nicht aus, um von einem Wechsel des internationalen Systems zu sprechen. Denn die Struktur des internationalen Systems ändert sich laut Waltz nur dann, „when the international system is no longer populated by states that have to help themselves" (Waltz 2000: 39).

Ein Wandel des internationalen Systems findet nur dann statt, wenn es einen Wandel im Ordnungsprinzip und in der Machtverteilung zwischen seinen Einheiten gibt. Aus neorealistischer Perspektive ist das Ende des Ost-West-Konflikts somit ein Ereignis, das weitaus weniger Konsequenzen für die analytische Fruchtbarkeit der neorealistischen Theorie hat, als ihre Gegner unterstellen.

„Both changes of weaponry and changes of polarity were big ones with ramifications that spread through the system, yet they did not transform it. If the system were transformed, international politics would no longer be international politics [...] We would begin to call international politics, by other name, as some do. The terms ‚world politics' or ‚global politics' for example suggest that politics among self-interested states concerned with their security has been replaced by some other kind of politics or perhaps by no politics at all" (Waltz 2000: 6).

Neben dieser Einsicht, die es zu berücksichtigen gilt, wenn gegenüber dem Neorealismus der Vorwurf erhoben wird, dass das Ende des Ost-West-Konflikts auch das Ende der neorealistischen Theorie nach sich gezogen hat, muss aber auch die Frage, wodurch der Wandel in der sowjetischen Politik verursacht wurde, aus neorealistischer Sicht beantwortet werden.

Ist er auf einen Wandel im Bereich der Ideen innerhalb der sowjetischen Führung zurückzuführen, auf einen Wechsel der Personen in der sowjetischen Führung, oder ist der Wandel durch externe Faktoren, genauer gesagt, einen Wandel in der Machtverteilung zwischen den Vereinigten Staaten und der Sowjetunion, bewirkt worden?

Aus der mittlerweile uferlosen Literatur zum Ende des Ost-West-Konflikts[28], dessen Erforschung zu einem Nebenkriegsschauplatz um die analytische Brauchbarkeit des Neorealismus geworden ist, „the field where different theories meet, compete and complement each other" (Petrova 2003: 152), seien nur kurz die Ergebnisse einiger, neorealistisch inspirierter Studien wiedergegeben.

Ihnen folgend kann das Ende des Ost-West-Konflikts durchaus mit neorealistischen Grundannahmen erklärt werden. Ursächlich für den Wandel der sowjetischen Innen- und Außenpolitik Mitte der 80er Jahre war demnach der relative ökonomische Niedergang der UdSSR im Verhältnis zu den USA und deren Verbündeten und die Wahrnehmung dieses Niederganges durch die sowjetische Staats- und Parteiführung (Wohlforth 1994/95). Machtverschiebungen im internatio-

28 Vgl. Petrova (2003).

nalen System und deren Wahrnehmung sind somit für Wohlforth die unabhängigen Variablen, die den Wandel in der sowjetischen Politik beeinflussten. Materielle Faktoren trugen somit zu einer Veränderung sowjetischer Politik und auch sowjetischer Ideen zur Neugestaltung der Beziehungen zum Westen bei. Sie sind „the *most important* cause of international change“ (Schweller/Wohlforth 2000: 99, Hervorhebung im Original). Diese Einschätzung wird auch durch die sowjetische Memoirenliteratur gestützt (Link 1996).

Von Kritikern des Neorealismus ist gegen diese Interpretation des Endes des Ost-West-Konflikts immer wieder vorgebracht worden, dass der sowjetische Niedergang sich bereits deutlich während der Amtsperioden von Gorbatschows Vorgängern abzeichnete, dass diese aber – anders als Gorbatschow – nicht die notwendigen ökonomischen, politischen und militärischen Konsequenzen aus dem Niedergang der Sowjetunion zogen. Erst mit Gorbatschow veränderte sich die Politik, was unter anderem mit der durch Gorbatschow initiierten personellen Veränderung führender außenpolitischer Forschungsinstitute in der SU erklärt wird (Checkel 1997).

Die nicht abzustreitende Tatsache, dass sich die UdSSR bereits lange vor Gorbatschows Amtsantritt in einer Phase des ökonomischen Niedergangs befunden hatte, die politische Führung daraus aber keine Konsequenzen zog, kann jedoch nicht als „harter“ Beweis gegen die neorealistische Annahme, dass es primär Verschiebungen in der Machtverteilung zwischen der SU und den USA waren, die für den innenpolitischen Wandel in der SU sorgten, ins Feld geführt werden.

Einem solchen Einwand liegt ein äußerst mechanisches Verhältnis von Ursache und Wirkung zugrunde, das die Tatsache verkennt, dass äußere Impulse im innenpolitischen System umgesetzt werden müssen. Bei dieser Umsetzung kann es aber unter Umständen zu erheblichem Widerstand der politischen, ökonomischen und militärischen Eliten eines Landes kommen, die erst einmal überwunden werden müssen (van Evera 2003). Dass die desolate Lage der SU bereits unter Gorbatschows Amtsvorgänger Andropow richtig erkannt wurde, ist heute hinlänglich bekannt, dass die daraus zu ziehenden Konsequenzen nicht angegangen wurden, lässt sich mit dem frühen Tod des Generalsekretärs der KPdSU sowie mit dem bürokratischen Widerstand gegen die von ihm skizzierte Reformpolitik erklären, ein Widerstand, mit dem auch Gorbatschow bis zuletzt zu kämpfen hatte.

Zusammenfassend könnte man sagen, dass die eben genannten Studien die Betonung der herausragenden Rolle, die die Systemstruktur für die Politik eines Staates hat, bestätigen. Sie bestätigen nicht nur die Annahme, wonach eine Veränderung im Verhalten der *units* dann erfolgt, wenn der Druck, der von externen Faktoren ausgeht, nur groß genug ist, was er im Falle der Sowjetunion in der Selbstwahrnehmung der Akteure evidentermaßen war, sondern sie bestätigen auch die Annahme der strukturbedingten Sozialisation von Staaten. Die Sowjetunion ging unter, weil sie – im Bereich der Wirtschaftsordnung und der militärischen Innovationsfähigkeit – nicht in der Lage gewesen ist, die systemweiten erfolgreichen Innovationen (SDI) zu „imitieren“ (Waltz 1979: 39-40).

Die einfache Erkenntnis, derzufolge Staaten im internationalen Wettbewerbs- und Selbsthilfesystem entweder die relativ erfolgreichsten Politiken imitieren oder aber „all by the wayside“ fallen, fand in der sowjetischen Politik der 80er Jahre ihre Bestätigung. Die „Sozialisation“[29] erfolgte, und dies machen die oben erwähnten Studien deutlich, „[...] through the constraints of the system rather than through the acceptance of rules“ (Waltz 1975: 40).

Dass Wohlforth, Brooks und Schweller bei ihren Analysen zur sowjetischen Politik nicht nur auf die Machtverteilung im internationalen System rekurrieren, sondern auch andere Variablen wie Ideen, bürokratische Prozesse etc. in ihren Analysen als intervenierende Variablen mit berücksichtigen, kann nicht als eine Verwässerung des Neorealismus betrachtet werden (Vasquez 1995; 1997; 2002). Denn anders als Waltz beschäftigen sich diese Autoren mit der Außenpolitik der UdSSR und nicht mit der Struktur des internationalen Systems. Dass im Falle außenpolitischer Analysen eine Vielzahl von Variablen Berücksichtigung finden müssen[30], ist von Waltz nie bestritten wor-

29 Vgl. zur Emulation generell: Joao Resendes-Santos (1996:196-260).

30 Vgl. Telhami (2002); Finel (2001/02).

den (Waltz 1967c; 1973). „Much is included in an analysis; little is included in a theory“ (Waltz 1996: 56).

Kontrollfragen zu Kapitel 8

- Warum hat der Neorealismus gemäß seiner konstruktivistischen Kritiker versagt?
- Welche Rolle haben Ideen, Normen und Werte laut Konstruktivisten beim Ende des Ost-West-Konflikts eingenommen?
- Warum ist das Ende des Ost-West-Konflikts aus methodischer Sicht noch keine Bankrotterklärung für den Neorealismus?
- Kann man die Ereignisse, die zu der Wende von 1989/91 führten auch mit neorealistischen (Waltzschen) Annahmen erklären? Und wenn ja, wie?
- Welche Bedeutung haben kulturelle, ideelle, personelle und perzeptionelle Faktoren in neorealistisch inspirierten Analysen zum Ende des Ost-West-Konflikts?

9. Der Neorealismus und die neuen Sicherheitsbedrohungen[31]

Die Konzentration auf zwischenstaatliche Politik sowie auf Großmächtebeziehungen habe den Neorealismus blind für das Aufkommen der neuen sicherheitspolitischen Bedrohungen gemacht, denen sich die Staatenwelt im 21. Jahrhundert ausgesetzt sieht. So lautet verkürzt einer der Vorwürfe, die dem Neorealismus nicht erst seit dem 11. September 2001, sondern bereits seit dem Ausbrechen ethnischer Konflikte im ehemaligen Jugoslawien gemacht werden.[32]

In der Tat lässt sich nicht leugnen, dass der Neorealismus einige Probleme hat, diese neuen Sicherheitsbedrohungen, wenn sie nicht-staatlicher Natur sind, zu erklären (Glaser 2003: 407). Doch ebenso muss man konzedieren, dass sich auf der Basis des Neorealismus arbeitende Autoren bereits recht frühzeitig der Herausforderung gestellt ha-

31 Dieses Unterkapitel stützt sich in weiten Teilen auf Masala (2006).
32 Krause/Williams (1997); Der Derian (2004); Derghoukassian (2002).

ben, Erklärungsansätze für die neuen sicherheitspolitischen Herausforderungen zu finden.

So haben sich John J. Mearsheimer (1990) und Stephen van Evera (1994) intensiv mit der Frage nach dem Verhältnis von Nationalismus und Krieg auseinandergesetzt, um die ausbrechenden ethnischen Konflikte zu Anfang der 1990er-Jahre in Osteuropa zu erklären. Dass beide Autoren dabei neben der sich verändernden europäischen Balance of Power nach 1989/90 auch innenpolitischen Faktoren wie dem erstarkten Nationalismus in Osteuropa Aufmerksamkeit zollen, steht nicht im Widerspruch zu neorealistischen Grundannahmen. Erstens widmen sich beide Autoren außenpolitischen Fragestellungen und zweitens ist der Neorealismus (auch der eines Kenneth Waltz) nie von der simplizistischen Einsicht ausgegangen, dass sich das Ausbrechen von Kriegen und Konflikten nur durch strukturelle Faktoren erklären lässt. Die Gründe für das Ausbrechen von Kriegen liegen auf beiden Ebenen, der strukturellen und der subsystemischen (Waltz 1988). Über die Arbeiten von Mearsheimer und van Evera hinausgehend haben Barry Posen (1993) und Chaim Kaufmann (1996) gezeigt, dass eine der wichtigsten neorealistischen Annahmen, wonach Staaten unter der Bedingung eines Macht- und Sicherheitsdilemmas agieren und interagieren, durchaus auch auf die Entstehung ethnischer Konflikte angewendet werden kann. Demnach befinden sich ethnische Gruppen in Staaten, in denen es an einer legitimierten Zentralgewalt fehlt, in einem Macht- und Sicherheitsdilemma, das sie dazu veranlasst, Macht zu akkumulieren, um ihre eigene Sicherheit zu garantieren. Aufgrund unvollständiger Informationen oder Missperzeptionen über das Verhalten der jeweils anderen ethnischen Gruppen kann es dabei zu gewaltsamen Konflikten kommen. Chaim Kaufmann lehnt sich in seinen Analysen zur Regulierung ethnischer Konflikte an die von Posen vorgenommene Übertragung des Macht- und Sicherheitsdilemmas auf innerstaatliche Konflikte an, richtet seinen Fokus jedoch auf die politisch höchst bedeutsame Frage, wie sich ethnische Konflikte dauerhaft regulieren lassen (Kaufmann 1996).

Kaufmann testet hierbei die aus der neorealistischen Theorie gewonnene Hypothese, dass eine stabile Balance zwischen verschiedenen ethnischen Gruppen, die darüber hinaus in der Lage sind, sich selbst zu verteidigen, die beste Voraussetzung für eine dauerhafte Regulierung ethnischer Konflikte bietet. Diese neorealistische Annahme ergänzt er durch die aus der Soziologie und politischen Psychologie gewonnene Einsicht, dass die Brutalität ethnischer Konflikte zu einer Post-Konflikt-Situation führt, in der die beteiligten Konfliktparteien nicht mehr willens sind zusammenzuleben. In solch einer Situation scheint die Separierung der Konfliktparteien, verbunden mit der Fähigkeit, sich notfalls selbst gegen Angriffe anderer Konfliktparteien zu verteidigen, die beste Möglichkeit, um zu einer dauerhaften Regulierung ethnischer Konflikte zu gelangen.

Was den zweiten Vorwurf anbelangt, wonach neorealistisch arbeitende Autoren die Bedrohung, die vom transnationalen Terrorismus für die internationale Sicherheit ausgeht, ignoriert haben (Snyder 2004: 55), so sei darauf hingewiesen, dass sich der Neorealismus was das angeht in unguter Gesellschaft mit allen theoretischen Schulen der Internationalen Politik befindet. Die Sicherheitsbedrohung, die von transnational operierenden Gruppen für die internationale Sicherheit ausgeht, war Gegenstand intensiver Erforschung durch politikberatende Institutionen (Hoffmann 1999), wurde von der akademischen Teildisziplin der Internationalen Politik jedoch eher vernachlässigt. Interessanterweise sind es aber seit dem 11. September vor allem neorealistisch arbeitende Autoren, die sich der Frage des internationalen Terrorismus, seiner Ursprünge, seiner Auswirkungen auf die Stabilität des internationalen System sowie der Möglichkeiten seiner Bekämpfung aus einer theoretischen Perspektive annehmen.[33]

Bei den neorealistischen Bemühungen, die Ereignisse des 11. Septembers zu erklären, spielt die Balance-of-Power-Theorie, die Waltz einst als die einzige politische Theorie der Internationalen Politik bezeichnet hat, eine wichtige Rolle. Demnach lassen sich die Aktivitäten von Al-Qaida und anderen fundamentalistischen Terrororganisationen durchaus als eine spezielle, „asymmetrische" (Layne 2003: 107) Art der Gegenmachtbildung gegen die Mittel- und Nahostpolitik der

33 Posen (2001/2002); Walt (2001/2002); Kurth Cronin (2002/03).

Vereinigten Staaten interpretieren. Angesichts der Machtfülle der USA ist es staatlichen Akteuren nicht möglich, Gegenmacht gegen den Einfluss der USA in der Region auszuüben, weshalb es zu der Verbindung von staatlichen Akteuren (Taliban-Regime) und nichtstaatlichen terroristischen Organisationen gekommen ist (Layne 2003). Ferner ist es durchaus zulässig, Al-Qaida und andere Organisationen als rationale Akteure zu bezeichnen, die einer nationalstaatlichen (und damit nicht, wie oftmals behauptet wird, einer territorial entgrenzten (Behr 2004: 42)) Logik verbunden sind. Für die Rationalitätsannahme und die terroristische Logik dieser Organisation spricht die Tatsache, dass das Hauptziel von Al-Qaida der Sturz des saudischen Königshauses ist und Selbstmordattentate einem Kosten-Nutzen- Kalkül unterliegen (Pape 2003a).[34]

Wenn dem so ist, dann kann die neorealistische Theorie durchaus dazu beitragen, wichtige Fragen, die im Zusammenhang mit dieser Art von Sicherheitsbedrohung auftauchen, zu erklären. Neorealistisch arbeitende Autoren haben sich somit den Herausforderungen der realen Politik recht frühzeitig gestellt und mit einem theoretischen Instrumentarium, das von Waltz zur Erklärung von Großmächteverhalten entwickelt wurde, Erklärungsansätze für diese neuen Phänomene gefunden.

Kontrollfragen zu Kapitel 9

Warum hat der Neorealismus ein Problem, neue Sicherheitsbedrohungen zu erklären?

Wie erklären Neorealisten ethnische Konflikte?

Wie gehen Neorealisten mit Sicherheitsbedrohungen durch nicht-staatliche Akteure um?

---

34 „Rather, what nearly all suicide terrorist campaigns have in common is a specific secular and strategic goal: to compel liberal democracies to withdraw military forces from territory that the terrorists consider to be their homeland [...]. Suicide terrorist campaigns are directed toward a strategic objective. Even Al Qaeda fits this pattern: although Saudi Arabia is not under American military occupation per se, the initial major objective of Osama bin Laden was the expulsion of American troops from the Persian Gulf“ (Pape 2003b).

10. Der Neorealismus. Eine amoralische Theorie?[35]

Es gehört zu den weitverbreiteten Mythen in der IB-Community, dass Neorealisten kriegslüstern seien, „war-mongering Neanderthals“ (Edelstein 2010), die die Lösung der meisten sicherheitspolitischen Probleme dieser Welt in dem begrenzten oder gar massiven Einsatz militärischer Macht sehen. Deshalb (aber auch aus anderen Gründen) sind politische Realisten alles andere als beliebt. Die insbesondere den Neorealisten unterstellte kriegslüsternde Tendenz wird von Kritikern zumeist mit drei Argumenten untermauert. Zunächst damit, dass der Realismus dem *survival of the fittest* das Wort reden würde (Halliday 1994: 11). In der realistischen Welt, in der Macht nicht nur, aber auch aus Gewehrläufen kommt, sei es dann nur folgerichtig, wenn Vertreter dieser Theorie dem Einsatz von Streitkräften zur Regulierung von Konflikten das Wort reden und Krieg als immer wiederkehrendes Phänomen bezeichnen, welches sich nicht von der Bildfläche der internationalen Beziehungen verbannen lässt.

Die zweite Erklärung, die zur Begründung der Kriegslüsternheit von Realisten und Neorealisten herangezogen wird, verweist auf den intellektuellen Einfluss, den problematische Denker wie z. B. der deutsche Staatsrechtler Carl Schmitt auf die Gründerväter moderner realistischer Theoriebildung gehabt haben (Honig 1996; Scheuerman 2009).

Und zuletzt wird die neorealistische Ignoranz gegenüber jedem intellektuellen Versuch, das konfliktgeladene internationale System in ein friedliches zu transformieren, in dem Realpolitik durch geteilte Werte und Normen und kooperative Beziehungen zwischen Staaten ersetzt wird, als Indiz für die Faszination mit und die Überhöhung von militärischer Macht herangezogen (Ashley 1984: 281).

Interessanterweise haben sich Realisten und Neorealisten aber seit dem Ende des Zweiten Weltkrieges zumeist ablehnend hinsichtlich militärischer Interventionen geäußert. Von Korea und Vietnam, über die Einsätze nach dem Ende des Ost-West-Konflikts, den Irak-Krieg 2003, die Afghanistan-Intervention bis hin zur Durchsetzung der

35 Die folgenden Ausführungen stützen sich auf Masala (2011).

Flugsverbotszone über Libyen im Jahr 2011, immer wieder waren Realisten und Neorealisten unter den wortgewaltigen Kritikern und Gegnern eines militärischen Eingreifens in den genannten Konflikten. Ob Hans Morgenthau (1965), Kenneth N. Waltz (1967b), Stephen Walt oder John Mearsheimer (beide 2003), um nur einige prominente Namen zu nennen, sie alle beteiligten sich intensiv an den öffentlichen Debatten über Nutzen und Sinn militärischer Interventionen und fanden sich dabei zumeist auf der Seite jener, die die Sinnhaftigkeit einer solchen Intervention anzweifelten. Sicherlich gab und gibt es auch Realisten mit einer weniger kritischen Haltung gegenüber militärischen Interventionen. So gehörte Henry Kissinger zumeist zu den Befürwortern eines militärischen Eingreifens, und zwar sowohl in seiner Zeit als Wissenschaftler wie auch als Praktiker (Isaacson 1992). Doch blieb er damit eine Ausnahme. In aller Regel waren und sind Neorealisten zurückhaltend und skeptisch, wenn es um den Einsatz militärischer Macht geht und ging, und die meisten Neorealisten haben militärische Interventionen der Vereinigten Staaten nach dem Ende des Zweiten Weltkrieges abgelehnt sowie als nicht im amerikanischen Interesse stehend verurteilt.

Interessanterweise trennen Neorealisten jedoch ihre politische Ablehnung aktueller Kriege oder militärischer Interventionen zumeist von ihren theoretischen Annahmen. „Realism doesn't take a normative or ethical position [...]. Realism is a positive theory of international politics, not a normative theory, and it is essentially *amoral*. It explains why international politics is a competitive arena and why states act as they do, but it is mostly silent on whether this behavior is morally acceptable“ (Walt 2009, Hervorh. im Original).

Dieses Argument ist jedoch nur schwer nachvollziehbar, geht es doch davon aus, dass Wissenschaftler in ihren politischen Urteilen nicht durch die Art und Weise beeinflusst werden, wie sie theoretisch über internationale Politik denken. Eine solche Trennung, dergestalt, dass „their ethical agenda is not derived from their theory of international politics“ (Desch 2003: 419), wie es von Neorealisten selbst immer wieder betont wird, würde nur dann glaubhaft sein, wenn Neorealisten in ihrer politischen Einschätzung militärischer Interventionen divergieren würden, obgleich sie theoretisch mit denselben Axiomen arbeiten. Da dies jedoch nicht der Fall ist und Neorealisten – wie eingangs bereits angedeutet – in ihrer Einschätzung der realen Applikation militärischer Macht in aller Regel einig sind, liegt die Vermutung nahe, dass die Art und Weise wie Neorealisten die Welt theoretisch fassbar machen, auch ihre ethisch-moralischen Vorstellungen hinsichtlich ihrer Einschätzung realer Politik beeinflusst. Anders ausgedrückt: Entgegen des neorealistischen – von Machiavelli entlehnten Credos –, die Dinge zu erklären, wie sie sind, geht der vorliegende Beitrag davon aus, dass die neorealistische Theorie auch eine versteckte normative Dimension enthält, die darauf abzielt darzustellen, was „getan werden muss oder sollte" (Frost 1996: 2).

Ein zweites *puzzle*, das im Zusammenhang mit der Skepsis neorealistisch arbeitender Wissenschaftler hinsichtlich des Gebrauchs militärischer Macht einhergeht, ergibt sich aus der negativen Einschätzung deliberativer Momente in der internationalen Politik. „Talk is cheap" lautet ein immer wiederkehrendes Credo neorealistischer Forschung (Mearsheimer 2006: 123), denn Entscheidungen und Ergebnisse in der internationalen Politik sind das Resultat der Verteilung materieller Macht und konditionierender struktureller Bedingungen, denen sich Staaten im internationalen System ausgesetzt sehen. Der „Marktplatz der Ideen" (Kaufmann 2004), dessen Wichtigkeit von konstruktivistisch und poststrukturalistisch arbeitenden Wissenschaftlern stets betont wird, trägt aus Einschätzung neorealistisch arbeitender Wissenschaftler nicht dazu bei, politische Entscheidungen zu beeinflussen bzw. wenn überhaupt, dann allenfalls marginal. Deshalb ist es umso erstaunlicher, dass sich ebendiese Neorealisten im Vorfeld und während militärischer Interventionen so engagiert auf diesem Marktplatz tummeln und *policy*-Schriften gegen Interventionen (Mearsheimer/Walt 2003) verfassen oder gar für viel Geld Anzeigen in Printmedien schalten, in denen sie vor den Folgen solcher Interventionen warnen (Mearsheimer et al. 2002). Auch diese Beobachtung steht in scheinbarem Widerspruch zu den Grundaxiomen neorealistischer Theoriebildung.

Beide Phänomene verweisen auf die Frage, ob die neorealistische Theorie nicht doch eine versteckte normative Grundlage hat, die dazu führt, dass sich Neorealisten als politische Aktivisten betätigen und ihre Haltung in politischen Fragen maßgeblich durch ihr neorealistisches Denken bestimmt wird. Meine These, die im Folgenden dargelegt werden soll, lautet, dass der Neorealismus eine implizite normative Basis hat, die im Kern eine Skepsis gegenüber der Universalität von Normen und Werten sowie eine Ablehnung von Übermacht im internationalen System beinhaltet. Beide Elemente zusammengenommen können erklären, warum sich die meisten Neorealisten in ihren *policy*-Schriften, insbesondere nach 1990, zumeist gegen militärische Interventionen wenden. Dies bedeutet jedoch nicht, dass Neorealisten glauben, dass sich die Welt grundsätzlich verbessern lässt. Hier unterscheiden sie sich auch weiterhin fundamental von Vertretern der kritischen Theorie internationaler Beziehungen (Cox/Sinclair 1996). Jedoch geht es ihnen bei ihrem politischen Engagement darum, die schlimmsten Auswüchse, die aus der anarchischen Struktur des internationalen Systems resultieren, einzudämmen (Kaufmann 2004: 6-7).

In Anlehnung an John Mearsheimer (2009: 253) wird argumentiert, dass die Waltzsche „Theory“ im Kern eine normative Theorie ist, die ein perfektes internationales System beschreibt, in dem sich Großmächte durch Mäßigung auszeichnen und diese Mäßigung zu Stabilität führt. Der weitestgehende Verzicht auf Hegemoniestreben seitens der Großmächte sowie auf Durchsetzung partikularer Gerechtigkeitsvorstellungen produziert eine Stabilität im internationalen System, die kriegsverhindernd wirkt. Gerade die Konzentration auf die Frage, wie sich Großmächtekonflikte verhindern lassen, machen die neorealistische Theorie auch zu einer normativen Theorie.

Obgleich es in der Forschung zum Realismus eines Hans Morgenthau bereits allgemein anerkannt ist, dass sie eine normative Komponente enthält, deren Ursprünge in der relativistischen Philosophie zu suchen sind und deren konkreter Ausdruck bei Morgenthau eine tiefe Skepsis gegenüber jeglicher Form von nationalistischem Universalismus ist (Masala 2005: 89-91), so gilt Waltz bis heute als ein Vertreter einer wertfreien Spielart des Realismus. Diese Interpretation von Waltz lässt sich bei einer genaueren Lektüre seiner Schriften nicht aufrechterhalten.

Wie Morgenthau begründet Waltz seine Version des Realismus aus einer Skepsis gegenüber den politischen Konsequenzen idealistischer Theorien in der Internationalen Politik. Diese würden – in letzter Konsequenz in die Praxis umgesetzt – zu demokratischen Kreuzzügen führen (Waltz 1959: 112-113).

Zentral für Waltz' Kritik an idealistischen Theoretikern ist dabei seine Skepsis gegenüber der Möglichkeit, Gerechtigkeit „objektiv“ (Waltz 1979: 201) zu definieren. Daraus resultiert für Waltz, dass Gerechtigkeit ein Kampfbegriff für die Mächtigen ist, um die wahren Intentionen ihres Handelns zu verschleiern (Waltz 1979: 201). Internationale Politik im Namen der Gerechtigkeit birgt somit für Waltz immer die Gefahr von unbegrenzten und ewigen Kriegen und gefährdet somit die Grundlagen für Frieden im internationalen System (Waltz 1988: 42-44). Dass Frieden ein zentrales Motiv der theoretischen Überlegungen von Waltz ist, durchzieht seine gesamten Schriften und Thomas L. Pangle sowie Peter J. Ahrensdorf haben in diesem Zusammenhang nachgewiesen, dass Waltz dem friedensfördernden Realismus eines Thomas Hobbes (Pangle/Ahrensdorf 1999: 239) näher steht, als den eher kriegsbegrüßenden und kriegsbefördernden Realismen von Thukydides, Machiavelli oder Treitschke.

Um die Gefahr globaler, ewiger Kriege zur Durchsetzung subjektiv empfundener oder definierter Gerechtigkeitsvorstellungen zu minimieren, entwickelt Waltz die *balance of power* als Alternative zur Weltregierung, die er in Anlehnung an Kants Bonmot von der Friedhofsruhe als eine Form des Weltbürgerkrieges kennzeichnet (Waltz 1959: 113).

Um zu verstehen, warum *balance of power* aus der Sicht von Kenneth Waltz kriegshemmend wirkt, ist es zunächst notwendig, sich mit seiner Kritik am Kantschen Liberalismus zu beschäftigen.

Waltz argumentiert, dass selbst wenn sich alle Staaten und alle Bürger auf die gleichen liberalen republikanischen Prinzipien einigen würden und im Zuge dessen alle Staaten sich zu liberalen Demokratien transformieren würden, diese intern gleich strukturierten Staaten unter den Bedingungen eines anarchisch dezentralisierten Systems agieren und interagieren würden. Unter den Bedinguingen der Anarchie würden selbst liberale Staaten dazu geneigt sein, ihre Interessen gegebenenfalls unter Rückgriff auf militärische Mittel durchzusetzen. Da es auch in einer Welt liberaler Demokratien keine Instanz gibt, die Rechtsbruch automatisch sanktioniert, würden auch die Beziehungen liberaler Demokratien untereinander immer mit dem Problem des Misstrauens über die „wahren“ Intentionen des anderen konfrontiert sein und jeder Staat müsste zu jedem Zeitpunkt damit rechnen, dass ein anderer Staat (auch wenn es sich dabei um eine liberale Demokratie handelt) seine Interessen gegebenenfalls mit Gewalt durchsetzt (Waltz 1979: 88).

Da die Frage der internen Strukturierung von Staaten nach Waltz kaum Einfluss auf die Frage nach Krieg und Frieden im internationalem System hat, müssen Mechanismen, die Kriege zwischen Staaten im internationalem System minimieren, auf der Ebene der Struktur des internationalen Systems gesucht werden. Das Gleichgewicht der Mächte, welches Waltz in seiner Theorie zu einem Gesetz erhebt, ist ein solcher Mechanismus, dem er die Funktion zuschreibt, Kriege auf der Ebene des internationalen Systems (dies sind Kriege zwischen Großmächten) zu minimieren.

In der Beschreibung der Funktionsweise der *balance of power* vermischt Waltz jedoch deskriptive und normative Elemente, ohne dass er sich dieses Spannungsverhältnisses bewusst ist oder es thematisiert. Denn einerseits erklärt Waltz die Entstehung von *balance of power* aus strukturellen Zwängen, andererseits empfiehlt er Großmächten die *balance* anzustreben, um die Übermacht eines Staates im internationalen System zu verhindern (Waltz 1979: 131-132; 1964: 882-884).

Eine nichtnormative Theorie der internationalen Politik, wie sie der Neorealismus – egal ob in der defensiven oder in der offensiven Spielart (Glaser 1994/95) – vorgibt zu sein, müsste sich nur auf die Erklärung der *balance of power* beschränken, sie nicht beurteilen und schon gar nicht der Frage nachgehen, wie eine solche *balance* hergestellt werden kann. Waltz hingegen – wie auch Mearsheimer – liefert eine Reihe von normativen Begründungen, warum die systemweite Dominanz eines einzelnen Staates nicht wünschenswert ist. Unter Rückgriff auf den französischen Schriftsteller François Fenelon (1651-1715) argumentiert Waltz z. B., dass ein Staat mit Machtpotenzialen, die alle anderen Staaten überragen, sich nicht mehr moderat in seiner Außenpolitik verhalten wird (Waltz 1993: 52-53) und damit der Versuchung erliegt, anderen Staaten seine Gerechtigkeitsvorstellungen, notfalls unter Einsatz militärischer Mittel, aufzuzwingen, sich somit als Weltexekutive und zugleich als Weltpolizist (Mearsheimer 2001: 392) aufspielen wird. Dadurch würde die Übermacht Gegenmacht provozieren (Waltz 2000: 36; 1988: 49). Bereits hier wird deutlich, dass die Ablehnung von Übermacht im internationalen System bei Waltz normativ bedingt ist, da sie Sicherheit und Frieden gefährdet. Nur wenn die Übermacht „in check by any other country or combination of countries" (Waltz 1993: 52) gehalten wird, wird sie sich moderat im Sinne von weniger aggressiv verhalten und dadurch die Stabilität und Friedfertigkeit des Systems erhöhen.

Die Ablehnung systemweiter Übermacht, die von den meisten Neorealisten geteilt wird[36], führte nach 1990 zu diversen Überlegungen, wie die Vereinigten Staaten ihre systemweite Übermacht beibehalten könnten, ohne Gegenmachtbildung durch andere Staaten oder Staatenkoalitionen zu provozieren. Die verschiedenen Überlegungen, die in diesem Zusammenhang angestellt wurden, lassen sich alle mit dem Begriff „Kultur der Zurückhaltung" umschreiben. Stephen Walt (2005) z. B. empfiehlt den USA, sich weitestgehend aus Konflikten in Übersee herauszuhalten und nur dann aktiv einzugreifen, wenn die nationalen Interessen der USA gefährdet sind. Eine Fortführung des globalen Engagements der USA würde, auch wenn es gut gemeint sei, „alarm, irritate, and at times anger others" (Walt 2005: 60). John Mearsheimer (2001) und Christopher Layne (2002) empfehlen den USA, sich auf die Strategie des *offshore-balancing* zu beschränken. Diese sieht im Kern vor, dass die Vereinigten Staaten nur dann aktiv werden, wenn sich irgendwo auf der Welt eine Situation abzeichnet,

36 Eine Ausnahme stellt Wohlforth (1999) dar.

in der sich ein anderer Staat oder eine Staatengruppe anschickt, die regionale Hegemonie über eine Landmasse zu erlangen. Die aus der Perspektive von John Mearsheimer und Stephen Walt traditionelle „grand strategy“[37] (2008: 339) der USA ist die einzige Möglichkeit, so etwa Dale Copeland (2000), Gegenmachtbildung gegenüber den Vereinigten Staaten zu vermeiden bzw. noch über einen gewissen Zeitraum hinauszuzögern.

Warum aber bemühen sich Neorealisten so intensiv darum, politische Entscheidungen mit Blick auf Krieg und Frieden zu beeinflussen, obwohl sie in ihren theoretischen Schriften skeptisch hinsichtlich der Möglichkeit sind, dass öffentliche und veröffentlichte Meinung oder gar akademische Ideen politische Entscheidungen beeinflussen können (Trachtenberg 2010: 9)?

John Mearsheimer selbst war es, der zu Beginn der 1990er Jahre extrem skeptisch gegenüber den Möglichkeiten, via eines öffentlichen Diskurses politische Entscheidungen zu beeinflussen, war: „[P]ublic opinion about national security issues is notoriously fickle and responsive to elite manipulation“ (Mearsheimer 1990: 41). In seinem Buch über Lügen in der internationalen Politik zeigt er, dass Staatsmänner aus verschiedensten Beweggründen die Öffentlichkeit belügen, wenn es um Außenpolitik und auch um die Entscheidung, Krieg gegen andere zu führen, geht (Mearsheimer 2011). Dennoch ist es gerade John Mearsheimer, der sich seit Mitte der 1990er Jahre immer wieder, sei es alleine oder mit anderen prominenten Neorealisten zusammen, in die öffentliche Debatte einschaltet, wenn es aus seiner Sicht darum geht, bestimmte Entscheidungen – vornehmlich der US-Administrationen – zu kritisieren oder gar zu beeinflussen. Mearsheimer selbst ist es, der Hinweise darauf gibt, dass sein Engagement von starken ethischen und normativen Beweggründen geleitet wird, die unter dem Stichwort der sozialen Verantwortung der Politikwissenschaft gegenüber der Gesellschaft subsumiert werden können. Dabei – und dies ist in diesem Zusammenhang von besonderem Interesse – stellt er sein politisches Engagement in einen direkten Zu-

37 Unter grand strategy verstehen beide Autoren in Anlehnung an Art (2004:. 4) „the deployment of military power in both peace and war to support foreign policy goals.“.

sammenhang zu seinem theoretischen Denken und begibt sich dadurch selbst in einen Widerspruch zu der immer wieder in seinen theoretischen Schriften vorzufindenden Skepsis gegenüber einem möglichen Einfluss der Agora auf die Politik.

> „One thing that bothers me greatly about most political scientists today is that they have hardly any sense of social responsibility. They have hardly any sense that they're part of the body politic and that the ideas that they are developing should be articulated to the body politic for the purposes of influencing the public debate and particular policies in important ways. They believe that they're doing 'science', and science is sort of an abstract phenomenon that has little to do with politics. In fact, I think exactly the opposite should be the case. We should study problems that are of great public importance, and when we come to our conclusions regarding those problems, we should go to considerable lengths to communicate our findings to the broader population argument here, by the way, for coming up with particular answers to important questions. In fact, if different scholars come up with different answers, fine. But in a democracy like the United States, you want to have a very healthy public debate about the key issues of the day. And I think that scholars can go a long way towards making that debate richer and healthier so that we can help influence the debate in positive ways" (Mearsheimer 2002d: 4).

Zwei Sachverhalte werden durch dieses Zitat verdeutlicht: Zum einen, dass Neorealisten eine besondere Verantwortung der Wissenschaft gegenüber der Gesellschaft, die sie zumeist durch Steuergelder finanziert, sehen und zum anderen, dass Neorealisten durchaus die Möglichkeit sehen, politische Entscheidungen zu beeinflussen. Denn obwohl die neorealistische Theorie davon ausgeht, dass die Struktur des internationalen Systems staatliches Verhalten beschränkt und beeinflusst, so gestehen sie dem Staatsmann und der Staatsfrau dennoch eine gewisse Entscheidungsfreiheit zu (Desch 2003: 420).

Und exakt diese Kombination aus Verantwortungsethik (Weber 1919[1992]: 70-71) und angenommenem Handlungsspielraum politischer Entscheidungsträger erklärt auch, warum sich Neorealisten so häufig durch *op-eds* und *policy*-Artikel oder durch Fernsehauftritte in der Agora betätigen. Die Verbindung beider Elemente führte dementsprechend auch dazu, dass Neorealisten im Jahr 2004 eine Nichtregierungsorganisation namens „Coaliton for a Realistic Foreign Policy" gegründet haben, deren *mission statement* deutlich macht, dass es den Gründern dieser NGO[38] um die Beeinflussung der öffentlichen Meinung und darüber hinaus der politischen Entscheidung geht.

> „The Coalition for a Realistic Foreign Policy is a group of scholars, policy makers and concerned citizens united by our opposition to an American empire. The Coalition is dedicated to promoting an alternative vision for American national security strategy that is consistent with American traditions and values. The Coalition has attracted interest and participation from individuals from across the political spectrum. The effort began as an informal study group, but has evolved into a formal response to the prominent think tanks and publications that are openly advocating an activist American foreign policy in which the United States would use its predominant military and economic power to promote change abroad. While few oppose the goal of political and economic liberalization, many individuals question both the morality and the efficacy of using military force and diplomatic pressure to achieve these aims" (Coalition 2004).

Vor diesem Hintergrund wird auch einsichtig, warum prominente Neorealisten wie Stephen Walt zunehmend neue Medien benutzen (Blogs), um die öffentliche Debatte zu beeinflussen.[39] Und trotz der Tatsache, dass es Neorealisten nicht gelang, die Bush-Administration von ihren Plänen, einen Krieg gegen den Irak zu führen, abzubringen (Payne 2007: 506), zogen sich Wissenschaftler wie Waltz, Mearsheimer, Walt, Layne, Art, Pape, um nur einige zu nennen, nicht frustriert aus dem öffentlichen Diskurs über internationale Politik und amerikanische Außenpolitik zurück, sondern bleiben bis heute in die-

38 Neben Mearsheimer zählten zu den Gründern Neorealisten wie Robert Art, Michael C. Desch, Stephen van Evera und Stephen Walt.

39 Vgl. http://walt.foreignpolicy.com/.

ser Debatte engagiert involviert. Die Tatsache, dass sich Neorealisten nicht mit dem Verweis aus der öffentlichen Debatte verabschiedet haben, dass gesellschaftliche Diskurse politische Entscheidungen nicht beeinflussen können, wie sie es in ihrer Theorie vermuten, kann als Indiz für die Tatsache herangezogen werden, dass die in der neorealistischen Theorie implizit vorhandenen normativen Annahmen, einen solchen Rückzug nicht zulassen.

Wenn man akzeptiert, dass die neorealistische Theorie auch normative Aussagen über die Frage, wie die internationale Politik beschaffen sein soll, trifft, dann erscheint das *policy*-Engagement neorealistischer Theoretiker nur folgerichtig und lässt sich somit nicht von der theoretischen Denkweise trennen. Allerdings sollten sich Neorealisten stärker als bislang erfolgt mit dem normativen Fundament ihrer Theorie befassen und dieses nicht negieren.

Kontrollfragen zu Kapitel 1

Warum behaupten Neorealisten, dass ihre Theorie wertfrei sei?

Worin besteht der versteckte normative Gehalt neorealistischer Theorie?

Wie läßt sich das policy engagement von Neorealisten erklären?

IV. Fazit

In Kapitel III des vorliegenden Buches wurde gezeigt, dass die am Waltzschen Neorealismus seit nunmehr fast 35 Jahren vorgebrachte Kritik oftmals auf fundamentalen Missverständnissen hinsichtlich der von Waltz mit aller Klarheit formulierten Ziele seiner Theorie beruht. Mit der „Theory of International Politics" wollte Waltz das internationale System als eigenständige Analyseeinheit etablieren, die erklären soll, warum sich Staaten trotz unterschiedlicher interner Herrschaftsordnungen in gewissen Situationen gleich verhalten.

Ein Großteil der Kritik am Neorealismus beruht jedoch auf der Argumentation, dass Waltz in seiner Theorie subsystemische, d.h. auf der Ebene des Staates zu verortende Variablen nicht berücksichtigt und für bedeutungslos erklären würde. Diese Kritik ist in zweifacher Hinsicht falsch. Zum einen, weil Waltz immer wieder betont hat, dass die Analyse nationalstaatlicher Außenpolitik die Berücksichtigung solcher Variablen erforderlich macht, und zum anderen, weil Waltz sehr scharf zwischen Außenpolitik und internationaler Politik trennt. Er verkennt zwar die Wechselwirkung zwischen diesen beiden Analysebereichen nicht, aus analytischen Gründen plädiert er jedoch für deren strikte Separierung. Diejenigen Autoren, die ihm diese Trennung vorwerfen (Humphreys 2006), teilen die grundlegende Auffassung von Waltz über die Möglichkeiten und Grenzen von Theoriebildung nicht. Schlanken, auf wenigen Annahmen basierenden Theorien setzen sie die Vorstellung von Theorien gegenüber, die soziale Realitäten möglichst umfassend abbilden sollen. Hält man sich diesen Unterschied vor Augen, dann wird deutlich, dass aus dieser Perspektive nicht der Neorealismus als Theorie kritisiert wird, sondern eine bestimmte Auffassung von Theoriebildung.

Des Weiteren ist deutlich geworden, dass ein großer Teil der Kritik am Neorealismus, der in der Folgezeit zur Entwicklung konkurrierender Theorien oder Theoreme (neoliberaler Institutionalismus, Liberalismus, Regimetheorie etc.) geführt hat, sich auf das Strukturverständnis von Kenneth Waltz überhaupt nicht einlässt. Stattdessen wird die jeweils eigene Vorstellung von Struktur dem Strukturverständnis von Waltz entgegengesetzt. Das Strukturverständnis des Konstruktivismus (um nur ein Beispiel zu nennen) ist historisch-soziologisch und als solches mit der eher pragmatischen Vorstellung von Struktur bei Waltz und seiner positivistisch-erklärenden Methodologie, wenn überhaupt, nur sehr schwer vereinbar. Ferner ist es, blickt man auf die aktuelle Debatte um die vermeintliche Degeneration des Neorealismus, erstaunlich, wie wenig Waltz' Kritiker zwischen Realismus und Neorealismus unterscheiden (z. B. Donnelly 2000). Ein Großteil der Debatte um die degenerative Wendung bezieht ihre Anknüpfungspunkte aus Schriften von Autoren, die sich dezidiert Anfang der 90er Jahre dem klassischen Realismus eines Hans Morgenthau oder Edward Carr und deren Axiomen zugewendet haben und eine Synthese zwischen Realismus und Neorealismus herzustellen versuchen. Diese Autoren jedoch als Kronzeugen für die Degeneration des Neorealismus zu zitieren, ist äußerst problematisch, wenn nicht sogar unzulässig, da Autoren wie Schweller oder Christensen und Snyder außenpolitische Fragestellungen bearbeiten und dabei den Versuch unternehmen, den klassischen Realismus für die Analyse außenpolitischer Fragestellungen heuristisch fruchtbar zu machen.

Diese Feststellung führt zu einem weiteren Missverständnis, an dem Neorealisten vielleicht nicht ganz unschuldig sind. Dass von Kritikern des Neorealismus Realismus und Neorealismus bewusst oder in Unkenntnis der theoretischen Debatte in einen Topf geworfen werden, ist bereits erwähnt worden. Aber auch die Rede von *dem* Neorealismus, die zu der Wahrnehmung geführt hat, es handele sich bei dem Neorealismus um eine einheitliche Schule (was Vasquez letzten Endes dazu veranlasst hat, Lakatossche Kriterien an den Neorealismus anzulegen), ist m. E. verfehlt. *Der* Neorealismus ist keine analytische Zwangsjacke (Glaser 2003: 409), weil es *den* Neorealismus nicht gibt. Die Gemeinsamkeit, die die meisten Autoren haben, die unter dem Rubrum Neorealismus subsumiert werden, ist, dass sie in Anlehnung an Waltz seine Annahmen über die internationale Politik teilen. Darüber hinaus gibt es jedoch erhebliche Unterschiede

(Frankel 1996). Mit dem Realismus klassischer Art teilen die neorealistisch inspirierten Wissenschaftler eine gewisse Weltsicht (Pangle/Ahrensdorf 1999), weswegen es in jüngster Zeit auch zu vermehrten Anstrengungen gekommen ist, den Realismus in den Neorealismus (oder andersherum) zu inkorporieren (Rose 1998). Diese Ansätze, so stimulierend sie auch sind, haben mit dem Neorealismus eines Kenneth Waltz die grundlegenden Annahmen und den erklärenden Anspruch an Wissenschaft gemein, wenden sich jedoch außenpolitischen Fragestellungen zu und können somit nur schwer zur Kritik einer strukturellen Theorie der internationalen Politik herangezogen werden.

Erstaunlich ist, dass ein Großteil der Kritik an Waltz auf Unkenntnis seines Werkes beruht. Es ist im Verlauf von Kapitel III immer wieder deutlich geworden, dass viele Autoren Waltz kritisieren, ohne ihn offensichtlich richtig verstanden zu haben[1], was die in der Einleitung bereits zitierte Vermutung von K. J. Holsti bestätigt. Nur so lässt sich erklären, warum bestimmte Kritikpunkte (wie z.B. das Ausblenden von Wandel[2], die Vernachlässigung subsystemischer Variablen, die Konzentration auf materielle Ressourcen von Macht, die deterministische Auffassung von internationaler Politik usw.) bis auf den heutigen Tag Bestand haben.

Aus neorealistischer Perspektive gibt es jedoch gegenwärtig keinen Grund, an der heuristischen Fruchtbarkeit und der theoretischen Substanz des Ansatzes von Kenneth Waltz zu zweifeln. Die gängige Kritik an der „Theory of International Politics" lässt sich, wie dargestellt wurde, leicht entkräften und bis auf den heutigen Tag gibt es keine nicht-reduktionistische, d. h. systemisch argumentierende Alternative zu Waltz.

Das Hauptanliegen dieses Buches war es, eine Einführung in das Denken von Kenneth Waltz zu bieten und sich mit seinen Kritikern auseinanderzusetzen. Wenn dieses Buch dazu beitragen sollte, dass der Neorealismus an deutschen Hochschulen nunmehr ohne die sonst üblichen Verzerrungen gelehrt würde, dann wäre schon viel er-

1 Ein besonders eklatantes Beispiel hierfür liefern Krause/Williams (1996: 238).
2 Jüngstes Beispiel hierfür ist Müller (2004: 14).

reicht. Darüber hinaus hoffe ich, dass es den einen oder anderen Studenten davon überzeugt hat, dass der Neorealismus „will have something serious to say about world politics“ (Grieco 2000: 73) und dieses Büchlein einen Anreiz bietet, sich zukünftig intensiver mit dieser Art und Weise, internationale Politik zu analysieren, auseinanderzusetzen. Der Befürchtung von Hans Mouritzen, dass der Neorealismus auch künftig im Zentrum der Debatten innerhalb der Internationalen Politik stehen wird (1997: 81), soll an dieser Stelle nicht widersprochen werden.

V. Kenneth N. Waltz: Nachwort

Since Theory of International Politics was published twenty-five years ago, many people have commented on it, some of them critically. I take the opportunity provided by this epilog to consider some of the most frequently made criticisms. I then make some comments on competing "theories" before considering the present and future relevance of structural theory.

1. Confusions and Criticisms

Confusion begins with misunderstanding how theories are made and failure to comprehend what they can and cannot do. In my first chapter, I define a theory as a mental picture of a domain – a picture showing how the domain is organized and how its parts are connected. Theory isolates a realm in order to deal with it intellectually. A mental picture, for example of a national economy or of an international-political system, is a simplified representation. To display important causes and effects, the picture has to omit most everything that goes on in an economy or in an international-political system. A theory is an instrument intended to be useful in explaining what happens in a defined realm of activity. To criticize a theory for its omissions is odd because theories are mostly omission. One is sometimes told that something should be added to a theory in order to bring it closer to reality. Yet the development of science, whether in physics or economics, has progressed by taking long steps away from direct experience of the world and depicting it in highly abstract terms. Simplification often comes through assumptions incorporated in a theory. That mass concentrates at a point is an example of a simplifying assumption made in Newtonian physics. That people are economic maximizers is a similar example in microeconomics and that states act to ensure their survival is an example in structural theory.

The structure of international politics is sparsely defined, that is, by anarchy, which is the ordering principle of the realm, and by the distribution of capabilities across states. Should we not add something to the definition? Some have complained that normative considerations are omitted. Should they be added? To ask the questions is like asking whether we should add to a theory that explains gravity a warning that it is unwise to fall from high buildings. Others have complained that such obviously important matters as economic relations, technological change, and demographic patterns are omitted. Many critics of structural theory seem to believe that if a variable is omitted from a theory, adding it will make the theory stronger. A theory, however, is not a collection of variables. To add to a theory something that one believes has been unduly omitted requires showing how it can take its place as one element of a coherent and effective theory. If that were easy to do we would be blessed with a wealth of strong and comprehensive theories.

The matters omitted are not neglected when a theory is used. Theories are sparse in formulation and beautifully simple. Reality is complex and often ugly. Predictions are not made, nor explanations contrived, by looking at a theory and inferring something about particular behaviors and outcomes from it. How could that be done when the empirical matter that must be considered in making predictions or fashioning explanations can not be included in a theory? A theory is an instrument used to explain "the real world" and perhaps to make some predictions about it. In using the instrument, all sorts of information, along with a lot of good judgment, is needed. Theories don't predict; people do.

Another criticism claims that new realism is simply old realism made rigorous. The validity of that judgment depends on what one thinks old realists were saying. Traditional realists are behavioralists; they believe that international outcomes are determined by the decisions of states, the behaving units. Causation goes in one direction, from the internal composition of states to the outcomes their behaviors supposedly produce. This has been the usual way of thinking. Socialists as well as liberals are examples of this. Mao Zedong like Woodrow Wilson believed that good states would live at peace with one another, and bad states would make war. The communist and the liberal democrat agreed on how to explain international events. They disagreed merely on how to define good and bad. New realism turns old realism upside down. The old realism is behavioral: good states produce good outcomes; bad states, bad ones. The new realism is structural: outcomes depend not only, and often not mainly, on the qualities of states, but also on variation of the structure within which their actions occur.

Perhaps the most common criticism of structural theory is that it fails to include consideration of the effects of the policies and behaviors of states on international politics. True, states are omitted from structural theory. It is, after all, a theory about international politics and not a theory about foreign policy. A neorealist theory of international politics explains how external forces shape states' behavior, but says nothing about the effects of internal forces. Under most circumstances, a theory of international politics is not sufficient, and cannot be made sufficient, for the explanation of foreign policy. An international political theory can explain states' behavior only when external pressures dominate the internal disposition of states, which seldom happens. When they do not, a theory of international politics needs help. The help is found outside the theory. Yet it is said that although neorealists admit that unit-level causes are important, they refuse to include them in their accounts. The peculiarity of this criticism is matched by the frequency with which it is made. Obviously nobody, realist or otherwise, believes that foreign policy and international politics can be understood without considering what goes on inside of states. The critics have confused theories and accounts. Accounts, stories about what happens and speculations about why, are not theories. Much is included in an account, little is included in a theory.

States matter, and the structure of international politics matters. Which matters more varies with changes in the structure of international politics. Anyone who had failed to notice this could hardly fail to see it as the world moved from bipolarity to unipolarity. In a bipolar world, two states check and balance each other. In a unipolar world, checks on the behavior of the one great power drop drastically. Unipolarity weakens structural constraints, enlarges the field of action of the remaining great power, and heightens the importance of its internal qualities. An international system in balance is like a political system of checks and balances. The impulses of a state to behave in arbitrary and high-handed fashion are constrained by the presence of states of comparable capability. An international system in which another state or combination of states is unable to balance the might of the most powerful is like a political system without checks and balances. With depressing predictability when rulers establish their dominance, the result is arbitrary and destructive governance that works for the benefit of the governors rather than the governed. Ideally, a benevolent despot is able to fashion the wise policies that the compromises of democracy impede. Similarly, imperial countries, superior to those they rule, may claim to aim at uplifting the natives but seldom produce that result. Disparity of power spawns despotic rule at home and abroad.

Different structures permit and cause the units of a system to change their behavior and produce different outcomes. Changes at the unit level may also have far reaching effects. The difficulty of distinguishing between unit- and system-level causes is a problem of neorealist theory. It follows from the theory that bipolar systems are more peaceful than multipolar systems. Yet one may wonder how much of the peace that marked the Cold War was produced by the structure of international politics and how much by the weaponry some states wielded. Was peace the product of nuclear weapons or was peace the byproduct of the system's structure? Until the system's structure changed, one could hardly say more than both structure and weaponry shared the credit. Just what caused what was hard to say. In the absence of nuclear weapons the United Sates and the Soviet Union would still have shied away from fighting each other because of the great damage that states of continental size armed with modern conventional weapons can wreak on each other. Yet through history wars have been fought among countries wielding great destructive power. War between the United States and the Soviet Union would have been hard to start, harder than World Wars I and II. Bipolarity reduces uncertainties about who will oppose whom, but the uncertainties of outcomes in contests between conventionally armed states remained and would in time have lead one side or the other to believe that superior weaponry or a cleverer strategy would bring victory at supportable cost. Bipolarity offers a promise of peace; nuclear weapons reinforce the promise and make it a near guarantee.

Among states armed with nuclear weapons peace prevails whatever the structure of the system may be. The shifts from multi- to bi- to unipolarity during the past century well illustrate how strongly differences in polarity affect the behavior of states and alter international outcomes. The introduction of nuclear weapons shows that, like structural changes, unit-level changes may also have system-wide effects. The new weaponry, however, did not negate the force of polarity. During the Cold War two powers were roughly in military balance. The system was marked by moderate behavior, with moderation the product of the fear that balance instills. Through the long years of the Cold War the might of each superpower balanced the might of the other and moderated the behavior of both of them. Now the only superpower left in the field is free to act on its whims and follow its fancies.

The disappearance of one great power left the effects of nuclear weapons intact, but the disappearance of balance unleashed the impulses of the remaining great power. Superiority fosters the desire to use it. The dictatorial aspiration, whether of ruler or country, is to perpetuate supremacy and to transcend the processes of history. As the following pages show, polarities tell us much about national behaviors and international-political outcomes without revealing the part of the story that resides in the heart of nations.

2. Theory for Today and Tomorrow

Structural theory has two main competitors: liberal institutionalism and constructivism. Robert O. Keohane is the major proponent of the former; Alexander Wendt of the latter. Liberal institutionalism is not a distinct theory. Keohane and Nye have stressed that institutionalism has structural realism as its theoretical core, which they have tried to broaden. And constructivism is not a theory at all. If a so-called theory does not explain, it is not a theory. To say what constructivism explains is difficult. What it offers instead is a seemingly hopeful view of the world. The self-regarding concerns of people and states can be replaced with other-regarding impulses. Instead of acting mainly to serve their own interests, people and states may begin to act for the sake of others. A nice thought; neither people nor states, however, have consistently behaved in other-regarding fashion. Unless a state can rely with certainty on other states to come to its aid in adversity, it has to take care of itself as best it can. Constructivism enjoys some popularity mainly in countries like the United States, which has few good reasons to worry much about its security, and Western Europe, which has enjoyed American protection, and among individuals who dwell in such safe havens as universities.

The disappearance of the Soviet Union greatly changed the world. How did the change come about? It did not happen in ways imagined by liberals or constructivists. The undoing of Russia's communist system was contrived not by a bunch of aspiring democrats but by old Soviet appratchiks, the likes of Andropov, Gorbachev, and Ryzhkov. Nor did the increased economic interdependence of states have anything to do with the Soviet Union's unraveling. The Soviet Union traded little outside its bloc and neither supplied nor received significant amounts of capital. The collapse of the Soviet Union was caused not by the triumph of liberal forces operating internationally but by the failure of the Soviet Communist system. The Cold War ended exactly as realists had predicted. The Cold War was rooted in the bipolar system and could end only when that system collapsed.

After the Cold War, does realism still reign? As the title of an essay by Robert Gilpin has it, „Nobody Loves a Realist“. Yet time and again, from antiquity to the present, realism has emerged from the competition of explanations as the most useful and comprehensive one for explaining outcomes produced by units existing in a condition of anarchy. As long as that condition endures, realist theory remains the most useful instrument for explaining international political events. One may, however, wonder which version of realism – offensive or defensive – is the more useful one. Offensive realism asserts that more is always better. States want more power, and they always need more power, in order to be secure. Yet it is hard to believe that there is one best way for states to make themselves secure. Realist theory, properly viewed, is neither offensive nor defensive. States have to take care of themselves by whatever combination of internal effort and external alignment. Whether the best way to provide for one's security is by adopting offensive or defensive strategies varies as situations change. A state having too much power may scare other states into uniting against it and thus become less secure. A state having too little power may tempt other states to take advantage of it. Realism is best left without an adjective to adorn it.

Realism is age old. Putting realism into the form of theory is recent. Over the ages, the development of realism has been a world enterprise with major influences emanating from Greece (Thucydides), Italy (Machiavelli), England (Hobbes and later E. H. Carr), Germany (Meinecke and Morgenthau) and America. We may now hope for contributions from other parts of the world. I hope that this introduction into neorealist theory will stimulate German scholars to think further about problems in the making and applying of international-political theories.

VI. Literaturverzeichnis

Adler, Emanuel 1997, Seizing the Middle Ground: Constructivism in World Politics, in: European Journal of International Relations 3 (3): 319-363.

Adler, Emanuel 2002, Constructivism and International Relations, in: Walter Carlsnaes/Thomas Risse/Beth. A. Simmons (Hrsg.): Handbook of International Relations, London, 95-119.

Albert, Mathias 1996, Fallen der (Welt-)Ordnung, Opladen.

Art, Robert J. 2004, A Grand Strategy for the United States, Ithaca, NY.

Art, Robert J. 2012, The United States, the Rise of China, and US-Indian Relations, in: Ali Ahmed/Jagannath P. Panda/Prashant K. Singh (Hrsg.): Towards a New Asian Order, New Delhi, 110-128.

Ashley, Richard K. 1986, The Poverty of Neorealism, in Robert O. Keohane (Hrsg.): Neorealism and its Critics, New York, NY, 131-300.

Axelrod, Robert 1987, Die Evolution der Kooperation, München.

Axelrod, Robert/Keohane, Robert O., 1988, Achieving Cooperation under Anarchy: Strategies and Institutions, in: Kenneth Oye (Hrsg.): Cooperation under Anarchy, Princeton, NJ, 226-254.

Baldwin, David A. (Hrsg.) 1993, Neorealism and Neoliberalism: The Contemporary Debate, New York, NY.

Barnett, Michael/Levy, Jack 1991, Domestic Sources of Alliances and Alignments: The Case of Egypt 1962-1973, in: International Organization 45 (3): 369-395.

Beckley, Michael 2012, China's Century? Why America's Edge Will Endure, in: International Security 36 (3): 41-78.

Behr, Hartmut/Heath, Amelia 2009, Misreading in IR Theory and Ideology Critique: Morgenthau, Waltz and Neo-Realism, in: Review of International Studies 35 (2): 327-349.

Bell, Duncan 2009, Introduction: Under an Empty Sky-Realism and Political Theory, in: ders. (Hrsg.): Political Thoughts and International Relations, Oxford, 1-25.

Brecher, Michael 1999, International Studies in the Twentieth Century and Beyond: Flawed Dichotomies, Synthesis, Cumulation, in: International Studies Quarterly 43 (2): 213-265.

Brooks, Stephen G. 1997, Duelling Realism, in: International Organization 51 (3): 445-477.

Brooks, Stephen G./Wohlforth, William C. 2000/2001, Power, Globalization, and the End of the Cold War: Reevaluating a Landmark Case for Ideas, in: International Security 25 (3): 5-53.

Brooks, Stephen G./Wohlforth, William C. 2005, Hard Times for Soft Balancing, in: International Security 30 (1): 72-108.

Brooks, Stephen G./Wohlforth, William C. 2008, World Out of Balance: International Relations Theory and the Challenge of American Primacy, Princeton, NJ.

Brown, Chris 2007, The Twilight of International Morality? Hans J. Morgenthau and Carl Schmitt on the End of the Jus Publicum Europaeum, in: Michael C. Williams (Hrsg.): Realism Reconsidered: The Legacy of Hans Morgenthau in International Relations, 42-61.

Bull, Hedley 1977, The Anarchical Society: A Study of Order in World Politics, New York, NY.

Buzan, Barry/Jones, Charles/Little, Richard 1993, The Logic of Anarchy: Neorealism to Structural Realism, New York, NY.

Buzan, Barry/Little, Richard 1994, The Idea of „International System": Theory Meets History, in: International Political Science Review 15 (3): 231-255.

Byman, Daniel L./Pollack, Kenneth M. 2001, Let Us Now Praise Great Men: Bringing the Statesman Back In, International Security 25 (4): 107-146.

Carlsnaes, Walter/Risse, Thomas/Simmons, Beth A. (Hrsg.): 2013, Handbook of International Relations, 2. Aufl., London.

Carr, Edward H. 1951, The Twenty Years´ Crisis 1919-1939: An Introduction to the Study of International Relations, London.

Checkel, Jeffrey T. 1997, Ideas and International Political Change: Soviet/Russian Behavior and the End of the Cold War, New Haven, CT.

Chernoff, Fred 2002, Scientific Realism as a Meta-Theory of International Politics, in: International Studies Quarterly 46 (2): 189-207.

Christensen, Thomas J/Snyder, Jack 1990, Chain Gangs and Passed Bucks: Predicting Alliance Patterns in Multipolarity, in: International Organization 44 (2): 137-168.

Claude, Inis L. 1962, Power and International Relations, New York, NY.

Claude, Inis L. 1989, The Balance of Power Revisited, in: Review of International Studies 15 (2): 77-85.

Coalition 2004, Coalition for a Realistic Foreign Policy, in: http://www.realisticforeignpolicy.org/static/000024.php; 23.4.2011.

Copeland, Dale C. 1996a, Neorealism and the Myth of Bipolar Stability: Towards a New Dynamic Realist Theory of Major War, in: Security Studies 5 (3): 29-89.

Copeland, Dale C. 1996b, Economic Interdependence and War: A Theory of Trade Expectations, in: International Security 20 (4): 5-41.

Copeland, Dale C. 2000a, The Constructivist Challenge to Structural Realism, in: International Security 25 (2): 187-212.

Copeland, Dale C. 2000b, The Origins of Major War, Ithaca, NY.

Cox, Michael 2007, Morgenthau and the Cold War, in: Michael C. Williams (Hrsg.): Realism Reconsidered: The Legacy of Hans Morgenthau in International Relations, Oxford, 166-194.

Cox, Robert W. 1986, Social Forces, States, and World Orders: Beyond International Relations Theory, in: Robert O. Keohane (Hrsg.): Neorealism and its Critics, New York, NY, 204-254.

Cox, Robert W./Sinclair, Timothy J. 1996, Approaches to World Order, Cambridge.

Curtis, Simon/Koivisto, Marjo 2010, Towards a Second 'Second Debate'? History, Scientific Inquiry and Historical Sociology in International Relations, in: International Relations 24 (4): 433-455.

Czempiel, Ernst Otto 1991, Weltpolitik im Umbruch. Das internationale System nach dem Ende des Ost-West-Konflikts, München.

Czempiel, Ernst Otto 1996, Kant's Theorem: Or: Why are Democracies (still) not Peaceful?, in: Zeitschrift für Internationale Beziehungen 3 (1): 79-101.

Dahl, Robert 1957, The Concept of Power, in: Behavioral Science 2 (July): 201-215.

Dehio, Ludwig 1996, Gleichgewicht und Hegemonie, Zürich.

Der Derian, James (Hrsg.)1995, International Theory: Critical Investigations, New York, NY.

Desch, Michael C. 2003, It Is Kind to Be Cruel: The Humanity of American Realism, in: Review of International Studies 29 (3): 415-426.

Dessler, David 1989, What's at Stake in the Agent-Structure Debate?, in: International Organization 43 (3), 441-473.

Dessler, David 1991, Beyond Correlations: Toward a Causual Theory of War, in: International Studies Quarterly 35 (3): 141-170.

Donelly, Jack 2000, Realism and International Relations, Cambridge.

Düsberg, Volker 1992, „Balance of Power“ und „Hegemonie“: Zur Kritik der Ansätze von Kenneth N. Waltz und Robert O. Keohane, Magisterarbeit, Forschungsinstitut für Politische Wissenschaft und Europäische Fragen, Universität zu Köln, Köln.

Edelstein, David M. 2010, Why Realists Don’t Go for Bombs and Bullets, in: http://walt.foreignpolicy.com/posts/2010/07/20/why_realists_don_t_go_for_bombs_and_bullets; 23.4.2011.

Elman, Colin 1996, Hourses for Courses: Why Not Neorealist Theory of Foreign Policy?, in: Security Studies 6 (1): 7-53.

Elman, Colin/Fendius Elman, Miriam 2002, How Not to Be Lakatos Intolerant: Appraising Progress in IR Research, in: International Studies Quarterly 46 (2): 231-262.

English, Robert 2000, Russia and the Idea of the West: Gorbachev, Intellectuals, and the End of the Cold War, New York, NY.

Evangelista, Matthew 1993, Internal and External Constraints on Grand Strategy: The Soviet Case, in: Richard S. Rosecrance/Arthur Stein (Hrsg.): The Domestic Bases of Grand Strategy, Ithaca, NY, 154-178.

Falter, Jürgen W. 1982, Der 'Positivismusstreit' in der amerikanischen Politikwissenschaft. Entstehung, Ablauf und Resultate der sogenannten Behavioralismus-Kontroverse in den Vereinigten Staaten 1945-1975, Opladen.

Feaver, Peter 2000, Brother, Can You Spare a Paradigm? (Or, Was Anybody Ever a Realist?): in: International Security 25 (1): 165-169.

Finel, Bernard I. 2001/2002, Black Box or Pandora's Box: State Level Variables and Progressivity in Realist Research Programs, in: Security Studies 11 (2): 187-227.

Finnemore, Martha 1996, Constructing Norms of Humanitarian Intervention, in: Peter Katzenstein (Hrsg.): The Culture of National Security: Norms and Identity in World Politics, New York, NY, 153-185.

Fischer, Markus 1992, Feudal Europe 800-1300: Communal Discourse and Conflictual Practices, in: International Organization 46 (2): 427-466.

Fozouni, Bahman 1995, Confutation of Political Realism, in: International Studies Quarterly 39 (4), 479-510.

Frankel, Benjamin 1996, Recasting the Realist Case: An Introduction, in: Security Studies 5 (3): ix-xx.

Frei, Christoph 1994, Hans J. Morgenthau – eine intellektuelle Biographie, Stuttgart.

Frost, Mervyn 1996, Ethics in International Relations: A Constitutive Theory, Cambridge.

Fukuyama, Francis 1992, Das Ende der Geschichte: Wo stehen wir?, München.

Gaddis, John Lewis 1992/93, International Relations Theory and the End of the Cold War, in: International Security 17 (3): 5-58.

Gadinger, Frank 2002, „Scharfes Messer“ oder „stumpfer Dolch“? Lakatos als Instrument in den Internationalen Beziehungen, Diplomarbeit, Fachbereich Gesellschaftswissenschaften, Universität Frankfurt, Frankfurt.

Gilpin, Robert G. 1981, War and Change in World Politics, New York, NY.

Gilpin, Robert G. 1996, No One Loves a Political Realist, in: Security Studies 5 (3): 3-26.

Glaser, Charles L. 1994/95, Realists as Optimists: Cooperation as Self-Help, in: International Security 19 (3): 50-90.

Glaser, Charles L. 2003, Structural Realism in a More Complex World, in: Review of International Studies 29 (1): 403-414.

Glaser, Charles L. 2011: Rational Theory of International Politics: The Logic of Competition and Cooperation, Princeton, NJ.

Goddard, Stacie E./Nexon, Daniel H. 2005, Paradigm Lost? Reassessing Theory of International Politics, in: European Journal of International Relations 11 (9): 9-61.

Gourevitch, Peter A. 1999, Robert O. Keohane: The Study of International Relations, in: PS Online.

Grieco, Joseph M. 1990, Cooperation among Nations: Europe, America and Non-tariff Barriers to Trade, Ithaca, NY.

Grieco, Joseph M. 1996, States Interest and Institutional Rule Trajectories: A Neorealist Interpretation of the Maastricht Treaty and European Economic and Monetary Union, in: Security Studies 5 (3): 261-306.

Grieco, Joseph M. 1997, Realist International Theory and the Study of World Politics, in: John G. Ikenberry/Michael W. Doyle (Hrsg.): New Thinking in International Relations Theory, Boulder, CO, 163-201.

Grieco, Joseph M. 2002, Modern Realist Theory and the Study of International Politics in the Twenty-First-Century, in: Michael Brecher/Frank P. Harvey (Hrsg.): Millennial Reflections on International Studies, Ann Arbor, MI.

Griffiths, Martin 2002, Kenneth Waltz, in: Martin Griffiths (Hrsg.): Fifty Key Thinkers in International Relations, London, 46-50.

Guazzini, Stefano 2000, The Enduring Dilemmas of Realism in International Relations, Kopenhagen.

Guilhot, Nicolas 2007, Introduction: One Discipline, Many Histories, in: ders. (Hrsg.): The Invention of International Relations Theory: Realism, the Rockefeller Foundation, and the 1954 Conference on Theory, New York, NY, 1-32.

Gusterson, Hugh 1999, Missing the End of the Cold War in International Security, in: Jutta Weldes/Mark Laffey/Hugh Gusterson/Bud Duvall (Hrsg.): Cultures of Insecurity: States, Communities and the Production of Danger, Minneapolis, MN, 319-345.

Haas, Ernst B. 1953, The Balance of Power: Prescription, Concept or Propaganda, in: World Politics 5 (3): 442-477.

Haftendorn, Helga/Keck, Otto (Hrsg.) 1997, Kooperation jenseits von Hegemonie und Bedrohung. Sicherheitsinstitutionen in den internationalen Beziehungen, Baden-Baden.

Halliday, Fred 1994, Rethinking International Relations, Houndmills.

Harnisch, Sebastian 2003, Außenpolitiktheorie nach dem Ende des Ost-West-Konflikts. Stand und Perspektiven der Forschung, Trier.

Hechter, Michael 1995, Introduction: Reflections on Historical Prophecy in the Social Sciences, in: American Journal of Sociology 100 (6): 1520-1527.

Hellmann, Gunther 1994, Für eine problemorientierte Grundlagenforschung. Kritik und Perspektiven der Disziplin „Internationale Beziehungen“ in Deutschland, in: Zeitschrift für Internationale Beziehungen 1 (1): 65-90.

Hellmann, Gunther 2010, Pragmatismus, in: Masala, Carlo/Sauer, Frank/Wilhelm, Andreas (Hrsg.): Handbuch Internationale Beziehungen, Wiesbaden, 148-181.

Herrmann, Richard 1994, Policy Relevant Theory and the Challenge of Diagnosis: The End of the Cold War, in: Political Psychology 15 (1): 111-142.

Herz, John H. 1950, Idealist Internationalism and the Security Dilemma, in: World Politics 2 (2): 157-180.

Hoffmann, Stanley 1987, Janus and Minerva: Essays in the Theory and Practice of International Politics, London.

Holsti, K.J. 2002, Performance and Perils of Realism in the Study of International Politics, in: Michael Brecher/Frank P. Harvey (Hrsg.): Millennial Reflections on International Studies, Ann Arbor, MI, 95-106.

Holsti, Ole R. 2004, Theories of International Relations, in: Michael J. Hogan/Thomas G. Paterson (Hrsg.): Explaining the History of American Foreign Relations, 2. Aufl., Cambridge.

Honig, Jan W. 1996, Totalitarianism and Realism: Hans Morgenthau's German Years, in: Benjamin Frankel (Hrsg.): Roots of Realism, London, 283-313.

Hopf, Ted 1993, Correspondence with John Lewis Gaddis: Getting the End of the Cold War Wrong, in: International Security 18 (2): 202-210.

Hopf, Ted 1998, The Promise of Constructivism in International Relations Theory, in: International Security 23 (1): 171-200.

Humphreys, Adam R. C. 2006, Kenneth Waltz and the Limits of Explanatory Theory in International Relations, Thesis submitted in partial fulfillment of the requirements for the degree of DPhil in International Relations in the Department of Politics and International Relations at the University of Oxford, Oxford.

Isaacson, Walter 1992, Kissinger: A Biography, London.

Jackson, Patrick Thaddeus 2011: The Conduct of Inquiry in International Relations: Philosophy of Science and its Implications for the Study of World Politics, London.

Jacobs, Andreas 2010, Realismus, in: Siegfried Schieder/Manuela Spindler (Hrsg.): Theorien der Internationalen Beziehungen, 3. Aufl., Opladen, 39-64.

Jervis, Robert 1976, Perception and Misperception in International Politics, Princeton, NJ.

Jervis, Robert 1978, Cooperation Under the Security Dilemma, in: World Politics 30 (2): 186-214.

Jervis, Robert 2011, Morality, Policy, and Theory: Reflections on the 1954 Conference, in: Nicolas Guilhot (Hrsg.): The Invention of International Relations Theory: Realism, the Rockefeller Foundation, and the 1954 Conference on Theory, New York, NY, 33-53.

Jütersonke, Oliver 2010, Morgenthau, International Law, and Realism, Oxford.

Katzenstein, Peter J (Hrsg.) 1996, The Culture of National Security: Norms and Identity in World Politics, New York, NY.

Katzenstein, Peter J./Sil, Rudra 2011, Toward Analytic Eclecticism: The Political Economy of an Integrated Europe, in: Dag Harald Claes/Carl Henrik Knutsen (Hrsg.): Governing the Global Economy: Politics, Institutions and Economic Development, New York, NY, 29-48

Kaufman, Stuart J./Little, Richard/Wohlforth, William C. 2007: Introduction: Balance and Hierarchy in International Systems, in: dies. (Hrsg.): The Balance of Power in World History, London, 1-21.

Kaufmann, Chaim 2004, Threat Inflation and the Failure of the Marketplace of Ideas: The Selling of the Iraq War, in: International Security 29 (1): 5-48.

Keck, Otto 1991, Der neue Institutionalismus in der Theorie der Internationalen Politik, in: Politische Vierteljahresschrift 32 (4): 621-634.

Kegley Jr., Charles W. 1993, The Neoidealist Moment in International Studies? Realist Myths and the New International Realities, in: International Studies Quarterly 37 (2): 131-147.

Kegley Jr., Charles W. 1995, The Neoliberal Challenge to Realist Theories of World Politics: An Introduction, in: Charles W. Kegley (Hrsg.): Controversies in International Relations Theory: Realism and the Neoliberal Challenge, New York, NY, 1-24.

Keohane, Robert O. 1984, After Hegemony: Cooperation and Discord in World Political Economy, Princeton, NJ.

Keohane, Robert O. 1989, International Institutions and State Power: Essays in International Relations Theory, Boulder, CO.

Keohane, Robert O. 1998, International Institutions: Can Interdependence Work?, in: Foreign Policy (110): 82-96.

Keohane, Robert O. 2012, Twenty Years of Institutional Liberalism, in: International Relations 26 (2): 125-138.

Keohane, Robert O./Martin, Lisa 1999, Institutional Theory, Endogeneity and Delegation, Cambridge, MA.

Keohane, Robert O./Nye, Joseph S. 1977, Power and Interdependence: World Politics in Transition, Boston, MA.

Keohane, Robert O./Wallander, Celeste A. 1997, From Alliances to Security Management Institutions: An Institutional Approach, Cambridge, MA.

King, Gary/Keohane, Robert O./Verba, Sidney 1994, Designing Social Inquiry: Scientific Inference in Qualitative Research, Princeton, NJ.

Kissinger, Henry 1963, Strains on the Alliance, in: Foreign Affairs XL (1): 4-17.

Knutsen, Tjoborn L. 1997: A History of International Relations Theory, Manchester.

Kohnstamm, Max 1964, The European Tide, in: Daedalus XCIII (4): 98-112.

Koslowski, Rey/Kratochwil, Friedrich V. 1994, Understanding Changes in International Politics: The Soviet Empire Demise and the International System, in: International Organization 48 (2): 215-247.

Kratochwil, Friedrich V. 1993, The Embarrassment of Changes: Neo-Realism as the Science of Realpolitik without Politics, in: Review of International Studies 19 (1): 63-80.

Krause, Keith/Williams, Michael C. 1996, Broadening the Agenda of Security Studies: Politics and Methods, in: Mershon International Studies Review 40 (2): 229-254.

Kuhn, Thomas 1991, Die Struktur der wissenschaftlichen Revolution, München.

Kurlantzick, Joshua 2007, Charm Offensive: How China's Soft Power Is Transforming the World, New Haven, CT.

Labs, Eric J. 1997, Beyond Victory: Offensive Realism and the Expansion of War Aims, in: Security Studies 6 (4): 1-49.

Lakatos, Imre 1970, Falsification and the Methodology of Scientific Research Programmes, in: Imre Lakatos/Alan Musgrave (Hrsg.): Criticism and the Growth of Knowledge, Cambrige, 91-196.

Layne, Christopher 1993, The Unipolar Illusion: Why New Great Powers Will Arise, in: International Security 17 (4): 5-51.

Layne, Christopher 2002, Offshore Balancing Revisited, in: The Washington Quarterly 52 (2): 233-248.

Lebow, Richard Ned 1994, The Long Peace, the End of the Cold War, and the Failure of Realism, in: International Organization 48 (2): 249-277.

Lebow, Richard Ned 1995, The Long Peace, the End of the Cold War, and the Failure of Realism, in: Richard N. Lebow/Thomas Risse-Kappen (Hrsg.): International Relations Theory and the End of the Cold War, New York, NY, 23-56.

Lebow, Richard Ned 2003, The Tragic Vision of Politics: Ethics, Interests and Orders, New York, NY.

Lebow, Richard Ned/Risse-Kappen, Thomas (Hrsg.) 1995, International Relations Theory and the End of the Cold War, New York, NY.

Legro, Jeffery W./Moravcsik, Andrew 1999, Is Anyone Still a Realist?, in: International Security 24 (2): 5-55.

Link, Werner 1967, Die Allgegenwart des Machtkampfes. Über die Prämissen der Theorie Hans J. Morgenthaus, in: Neue Politische Literatur (1): 17-23.

Link, Werner 1980, Atlantische und westeuropäische Beziehungen im Hinblick auf die Entspannungspolitik, in: Deutsche Gesellschaft für Friedens- und Konfliktforschung (Hrsg.): DGFK-Jahrbuch 1979/80. Zur Entspannungspolitik in Europa, Baden-Baden, 149-171.

Link, Werner 1988a, Der Ost-West-Konflikt. Die Organisation der internationalen Beziehungen im 20. Jahrhundert, Stuttgart.

Link, Werner 1988b, Machiavelli als Theoretiker der internationalen Politik. Gleichgewicht und/oder Föderation, in: Rupert Breitling/Winand Gellner (Hrsg.): Machiavellismus, Parteien und Wahlen, Medien und Politik. Politische Studien zum 65. Geburtstag von Prof. Dr. Erwin Faul, Trier, 163-171.

Link, Werner 1989, Reflections on Paradigmatic Complementarity in the Study of International Relations, in: Ernst-Otto Czempiel/James N. Rosenau (Hrsg.): Global Changes and Theoretical Challenges: Approaches to World Politics for the 1990s, Lexington, KY, 99-116.

Link, Werner 1996, Die Entwicklung des Ost-West-Konflikts, in: Manfred Knapp/Gerd Krell (Hrsg.): Einführung in die Internationale Politik, München, 242-279.

Link, Werner 2001, Die Neuordnung der Weltpolitik. Grundprobleme globaler Politik an der Schwelle zum 21. Jahrhundert, München.

Little, Richard 2007, The Balance of Power in Politics Among Nations, in: Michael C. Williams (Hrsg.): Realism Reconsidered: The Legacy of Hans Morgenthau in International Relations, Oxford, 137-165.

Loriaux, Michael 1992, The Realist and Saint Augustine: Skepticism, Psychology, and Moral Action in International Relations Thoughts, in: International Studies Quarterly 36 (2): 401-420.

Löwenthal, Richard 1971, Freiheit der Eigenentwicklung, in: Deutsche Gesellschaft für Auswärtige Politik (Hrsg.): Außenpolitische Perspektiven des westdeutschen Staates, Bd.1, Das Ende des Provisoriums, München, 11-18.

Mansbach, Richard W. 1996, Neo-This and Neo-That: Or, „Play It Sam“ (Again and Again), in: Mershon International Studies Review 40 (1): 90-95.

Masala, Carlo 2003, Den Blick nach Süden? Die NATO im Mittelmeerraum. 1990-2003. Fallstudien zur Anpassung militärischer Allianzen an neue sicherheitspolitische Herausforderungen, Baden-Baden.

Masala, Carlo 2005, Theory and Practice, in: Christian Hacke/Karl-Gottfried Kindermann/Kai Schellhorn (Hrsg.): The Heritage, Challenge, and Future of Realism – in Memoriam Hans Morgenthau (1904-1980), Göttingen, 87-92.

Masala, Carlo 2006, Neorealismus und Internationale Politik im 21. Jahrhundert, in: Zeitschrift für Politikwissenschaft 1/2006: 87-111.

Masala, Carlo 2011: Warum (Neo-)Realisten (meistens) keinen Krieg mögen, in: Zeitschrift für Außen- und Sicherheitspolitik 4/2011: 253-269.

Mearsheimer, John J. 1990, Back to the Future: Instability in Europe After the Cold War, in: International Security 15 (1): 5-56.

Mearsheimer, John J. 1994/95, The False Promise of International Institutions, in: International Security 19 (3): 5-59.

Mearsheimer, John J. 2002a, Realism, the Real World and the Academy, in: Michael Brecher/Frank P. Harvey (Hrsg.): Millenial Reflections on International Studies, Ann Arbor, MI, 57-64.

Mearsheimer, John J. 2002b, The Tragedy of Great Power Politics, New York, NY.

Mearsheimer, John J. 2002c, Liberalist Talk, Realist Thinking, in: University of Chicago Magazine 94 (3): 1-7.

Mearsheimer, John J. 2002d, Through the Realist Lens: Conversation with John Mearsheimer, in: http://globetrotter.berkeley.edu/people2/Mearsheimer/mearsheimer-con0.html; 23.4.2011.

Mearsheimer, John J. 2006, Conversation in International Relations: Interview with John J. Mearsheimer (Part I), in: International Relations, 20 (1): 105-123.

Mearsheimer, John J. 2009, Reckless States and Realism, in: International Relations 23 (2), 41-256.

Mearsheimer, John J. 2010, The Gathering Storm: China's Challenge to US Power in Asia, The Chinese Journal of International Politics 3 (4): 381–396.

Mearsheimer, John J. 2011, Why Leaders Lie: The Truth About Lying in International Politics, New York, NY.

Mearsheimer, John J./Art, Robert J./Betts, Richard K./Copeland, Dale C./ Desch, Michael C./Ganguly, Sumit/Glaser, Charles L./George, Alexander L./Herrmann, Richard K./Herring, George C./Jervis, Robert/Kaufmann, Chaim/Kaysen, Carl/Kier, Elizabeth/Larson, Deborah/Levy, Jack S./Liberman, Peter/ Miller, Steven E./Moskos, Charles C./ Pape, Robert A./Posen, Barry R./Powell, Robert/Quester, George H./Rosecrance, Richard/Schelling, Thomas C./Schweller, Randall L./Snyder, Glenn H./Snyder, Jack L./ Telhami, Shibley/van Evera, Stephen/Walt, Stephen M./Waltz, Kenneth N./ Williams, Cindy 2002, War with Iraq Is Not in America's National Interest, in: The New York Times Paid Advertisement, 26.9.2002.

Mearsheimer, John J./Walt, Stephen M. 2003, An Unnecessary War, in: Foreign Policy (January/February): 50-59.

Mearsheimer, John J./Walt, Stephen M. 2008, The Israel Lobby and U.S. Foreign Policy, New York, NY.

Meier-Walser, Reihnhard 1994, Neorealismus ist mehr als Waltz. Der Synoptische Realismus des Münchner Ansatzes, in: Zeitschrift für Internationale Beziehungen 1 (1): 115-126.

Meimeth, Michael 1991, Die Theorie des Neorealismus nach dem Ende des Ost- West-Konflikts. Eine Antwort an Ernst-Otto Czempiel, in: Jahrbuch für Politik 2 (1): 135-146.

Milner, Helen 1992, International Theories of Cooperation among Nations: Strengths and Weaknesses, in: World Politics 44 (3): 466-496.

Milner, Helen V. 1997, Interests, Institutions and Information: Domestic Politics and International Relations, Princeton, NJ.

Molloy, Seán 2009: Aristotle, Epicurus, Morgenthau and the Political Ethics of the Lesser Evil, in: Journal of International Political Theory 5 (1): 94-112.

Moravcsik, Andrew 1992, Liberalism and International Relations Theory, Cambridge, MA.

Moravcsik, Andrew 1993, Integrating International and Domestic Theories of International Bargaining, in: Peter B. Evans/Harold K. Jacobsen (Hrsg.): Double- edged Diplomacy: International Bargaining and Domestic Politics, Berkeley, CA, 3-42.

Moravcsik, Andrew 1997, Taking Preferences Seriously: A Liberal Theory of International Politics, in: International Organization 51 (3): 513-553.

Morgenthau, Hans 1933 [2012], The Concept of the Political, edited by Hartmut Behr/Felix Rösch, London.

Morgenthau, Hans 1946, Scientific Man vs. Power Politics, Chicago, IL.

Morgenthau, Hans 1948, Politics among Nations, New York, NY.

Morgenthau, Hans 1960, The Purpose of American Politics, New York, NY.

Morgenthau, Hans 1963, Macht und Frieden, Gütersloh.

Morgenthau, Hans 1965, We Are Deluding Ourselves in Vietnam, in: New York Times Magazine, 18.4.1965.

Morgenthau, Hans 1970, Truth & Power: Essays of A Decade, 1960-1970, London.

Mouritzen, Hans 1997, Kenneth Waltz: A Critical Rationalist between International Politics and Foreign Policy, in: Ivor Neumann/Ole Waever (Hrsg.): The Future of International Relations: Masters in the Making, London, 57-68.

Müller, Harald 2004, Warum die Bombe? Die nuklearen Möchtegerne Iran und Nordkorea, in: Internationale Politik 59 (1): 14-19.

Neacsu, Mihaela 2007, Hans J. Morgenthau's Discussion of Meaning: A Human Centred Politics, Paper presented at the Annual Meeting of the International Studies Association 48th Annual Convention, Hilton Chicago, February, Chicago, IL.

Neacsu, Mihaela 2010, Hans J. Morgenthau's Theory of International Relations: Disenchantment and Re-Enchantment, London.

Neufeld, Marc 1995, The Restructuring of International Relations Theory, Cambridge.

Nicholson, Michael 1998, Realism and Utopianism Revisited, in: Review of International Studies 26 (2): 65-82.

Niebuhr, Reinhold 1960, Moral Man and Immoral Society: A Study in Ethics and Politics, New York, NY.

Nielson, Daniel L./Tierney, Michael J. 2002, Principals and Interests: Agency Theory and Multilateral Development Bank Lending, Paper prepared for the Presentation at the Midwest Political Science Association meeting, April, Chicago, IL.

Oneal, John R./Russet, Bruce 1999, The Kantian Peace: The Pacific Benefits of Democracy, Interdependence and International Organization, 1885-1992, in: World Politics 52 (1): 1-37.

Onuf, Nicholas 1989, World of Our Making, Columbia, NY.

Oye, Kenneth 1995, Explaining the End of the Cold War, in: Richard N. Lebow/Thomas Risse-Kappen (Hrsg.): International Relations Theory and the End of the Cold War, New York, NY, 57-83.

Pangle, Thomas L/Ahrensdorf, Peter J. 1999, Justice Among Nations: On the Moral Basis of Power and Peace, Lawrence, KS.

Pape, Robert A. 2005, Soft Balancing against the United States, in: International Security 30 (1): 7-45.

Payne, Rodger A. 2007, Neorealists as Critical Theorists: The Purpose of Foreign Policy Debate, in: Perspective on Politics 5 (3): 503-514.

Pederson, Thomas 2002, Cooperative Hegemony: Power, Ideas and Institutions in Regional Integration, in: Review of International Studies 28 (4): 677-696.

Petersen, Ulrike Enemark 1999: Breathing Nietzsche's Air: New Reflections on Morgenthau's Concepts of Power and Human Nature, in: Alternatives: Global, Local, Political 24 (1): 83-118.

Petrova, Margarita H. 2003, The End of the Cold War: A Battle or Bridging Ground Between Rationalist and Ideational Approaches to International Relations, in: European Journal of International Relations 9 (1): 115-163.

Posen, Barry R. 1993, The Security Dilemma and Ethnic Conflict, in: Survival 35 (1): 27-47.

Pressmann, Jeremy 2004, If Not Balancing, What? Forms of Resistance to American Hegemony, Cambridge, MA.

Radnitzky, Gerard 1992, Wissenschaftlichkeit, in: Gerard Radnitzky/Helmut Seiffert (Hrsg.): Handlexikon zur Wissenschaftstheorie, München, 399-405.

Randle, Robert F. 1980, Review of Theory of International Politics, in: Political Science Quarterly 95 (1): 136-137.

Ray, James Lee/Russet, Bruce 1996, The Future as Arbiter of Theoretical Controversies: Predictions, Explanations and the End of the Cold War, in: British Journal of Political Science 26 (4): 441-470.

Reichwein, Alexander 2011, Rethinking Morgenthau in the German Context, International Relations Online Working Paper Series 4, Stuttgart.

Resende-Santos, Joao 1996, Anarchy and the Emulation of Military Systems: Military Strategies and Organizations in South America, 1870-1914, in: Security Studies 5 (3): 195-254.

Rodney, Bruce/Kratochwil, Friedrich V. 1992, Medieval Tales: Neo-Realist ' Science' and the Abuse of History, in: International Organization 47 (2): 479-500.

Rohde, Christoph 2004, Hans J. Morgenthau und der weltpolitische Realismus, Wiesbaden.

Roloff, Ralf 2001, Europa, Amerika und Asien zwischen Globalisierung und Regionalisierung, Paderborn.

Roloff, Ralf/Masala, Carlo (Hrsg.) 1998, Herausforderungen der Realpolitik, Köln.

Rorty, Richard 1989, Contingency, Irony, and Solidarity, Cambridge.

Rose, Gideon 1998, Neoclassical Realism and Theories of Foreign Policy, in: World Politics 51 (1): 144-172.

Rosecrance, Richard 1981, Review of Theory of International Politics, in: International Organization 35 (4): 691-713.

Rosecrance, Richard/Lo, Chih-Cheng 1996, Balancing, Stability, and War: The Mysterious Case of the Napoleonic International System, in: International Studies Quarterly 40 (4): 479-500.

Rosecrance, Richard/Stein, Arthur 1993, The Domestic Bases of Grand Strategy, Ithaca, NY.

Rosenau, James N./Durfee, Mary 1995, Thinking Theory Thoroughly: Coherent Approaches to an Incoherent World, Boulder, CO.

Rosenberg, Justin 1990, What's the Matter with Realism? Review of International Studies 16 (3): 285-303.

Rossbach, Stefan 1992, Strukturwandel und Stabilität, in: Wolfgang Heydrich, J. Krause, Uwe Nerlich, J. Nötzold, Reinhardt Rummel (Hrsg.): Sicherheitspolitik Deutschlands. Neue Konstellationen, Risiken, Instrumente, Baden-Baden, 239-252.

Roy, Denny 2003, China's Pitch for a Multipolar World, The New Security Concept, in: Asia-Pacific Security Studies 2 (1): 1-6.

Ruggie, John Gerard 1986, Continuity and Transformation in the World Polity: Toward a Neorealist Synthesis, in: Robert O. Keohane (Hrsg.): Neoralism and its Critics, New York, NY, 131-175.

Sagan, Scott D./Waltz, Kenneth N. 1995, The Spread of Nuclear Weapons: A Debate, New York, NY.

Scherrer, Christoph 1994, Critical International Relations: Kritik am neorealistischen Paradigma der Internationalen Beziehungen, in: Prokla 24 (2): 303-323.

Scheuerman, William E. 2007, Carl Schmitt and Hans Morgenthau: Realism and Beyond, in: Michael C. Williams (Hrsg.): Realism Reconsidered: The Legacy of Hans Morgenthau in International Relations, Oxford, 62-93.

Scheuerman, William E. 2009, Hans Morgenthau: Realism and beyond, London.

Schieder, Siegfried/Spindler, Manuela (Hrsg.) 2003, Theorien der Internationalen Beziehungen, Opladen.

Schmitt, Carl 1950, Der Nomos der Erde im Völkerrecht des Jus Publicum Europaeum, Köln.

Schörnig, Niklas 2003, Neorealismus, in: Siegfried Schieder/Manuela Spindler (Hrsg.): Theorien der Internationalen Beziehungen, Opladen, 61-87.

Schroeder, Paul 1994, Historical Reality vs. Neorealist Theory, in: International Security 19 (1): 108-148.

Schweller, Randall L. 1994, Bandwagoning for Profit: Bringing the Revisionist State Back, in: International Security 19 (1): 72-107.

Schweller, Randall L. 1996, Neorealism´s Status-Quo Bias: What Security Dilemma?, in: Security Studies 5 (3): 90-121.

Schweller, Randall L./Priess, David 1997, A Tale of Two Realism: Expanding the Institutions Debate, in: Mershon International Studies Review 41 (1): 1-32.

Schweller, Randall L./Wohlforth, William 2000, Power Test: Evaluating Realism in Response to the End of the Cold War, in: Security Studies 9 (3): 60-107.

Scott, Bennett D./Stam, Allan 2000, Research Design and Estimator Choices in the Analysis of Interstates Dyads: When Decisions Matter, in: Journal of Conflict Resolution 44 (4): 653-685.

Sellers, William 1975, Empiricism and the Philosophy of Mind, Cambridge, MA.

Siedschlag, Alexander 1997, Neorealismus, Neoliberalismus und Postinternationale Politik. Beispiel Internationale Sicherheit – Theoretische Bestandsaufnahme und Evaluation, Opladen.

Siedschlag, Alexander 2001, Einführung – Internationale Politik als skeptische Gegenwartswissenschaft und die Münchner Schule des Neorealismus, in: ders. (Hrsg.): Realistische Perspektiven internationaler Politik. Festschrift für Gottfried-Karl Kindermann zum 75. Geburtstag, Opladen, 13-66.

Singer, Kurt 1949, The Idea of Conflict, New York, NY.

Smith, Michael Joseph 1986, Realist Thought from Weber to Kissinger, Baton Rouge, LA.

Snyder, Jack 1991, Myth of Empire: Domestic Politics and International Ambition, Ithaca, NY.

Snyder, Jack 2011: Tensions within Realism: 1954 and after, in: Nicolas Guilhot (Hrsg.): The Invention of International Relations Theory: Realism, the Rockefeller Foundation, and the 1954 Conference on Theory, New York, NY, 54-78.

Sorensen, Georg 1992, Kant and Processes of Democratization: Consequences for Neorealist Thought, in: Journal of Peace Research 29 (4): 397-414.

Sterling-Folkert, Jennifer 2002, Theories of International Cooperation and the Primacy of Anarchy: Explaining U.S. International Monetary Policy-Making after Bretton Woods, Albany, NY.

Sullivan, Robert R. 1973, Machiavelli's Balance of Power Theory, in: Social Science Quarterly 54 (74): 258-270.

Sutter, Robert G. 2005, China's Rise in Asia – Promises, Prospects and Implications for the United States, Asia-Pacific Center for Security Studies, Occasional Paper Series, February, in: http://www.apcss.org/Publications/Ocasional%20Papers/OPChinasRise.pdf; 22.6.2013.

Taliaferro, Jeffrey W. 2000/01, Security Seeking under Anarchy: Defensive Realism Revisited, in: International Security 25 (3): 128-161.

Telhami, Shilbley 2002, Kenneth Waltz, Neorealism, and Foreign Policy, in: Security Studies 11 (3): 158-170.

Tellis, Ashley J. 1995/96, Reconstructing Political Realism: The Long March to Scientific Theory, in: Security Studies 5 (2): 3-106.

Thompson, Kenneth W. 1960, Political Realism and the Crisis of World Politics, Princeton, NJ.

Toft, Peter 2003, John J. Mearsheimer: An Offensive Realist between Geopolitics & Power, Kopenhagen.

Tooze, Roger/Murphy, Craig N. 1996, The Epistemology of Poverty and the Poverty of Epistemology in IPE: Mystery, Blindness, and Indivisibility, in: Millennium 25 (3): 681-707.

Trachtenberg, Marc 2002, Waltzing to Armageddon?, in: The National Interest 69 (Fall): 144-152.

Trachtenberg, Marc 2003, The Question of Realism: A Historian's View, in: Security Studies 13 (1): 156-194.

Trachtenberg, Marc 2010, Social Scientists and National Security Policymaking, in: http://nd.edu/~ndisp/images/Trachtenberg_ND_10.pdf; 24.4.2011.

Triepel, Heinrich 1938, Die Hegemonie. Ein Buch von führenden Staaten, Stuttgart.

Tucker, Robert W. 1992/93, Realism and the New Consensus, in: The National Interest 30 (4): 33-36.

Turner, Stephen/Mazur, George 2009: Morgenthau as a Weberian Methodologist, in: European Journal of International Relations 15 (3): 477-504.

Van Evera, Stephen 1997, Guide to Methods for Students of Political Science, Ithaca, NY.

Van Evera, Stephen 1999, Causes of War: Power and the Roots of Conflict, Ithaca, NY.

Van Evera, Stephen 2003, Why States Believe Foolish Ideas: Non-Self Evaluation by States and Societies, Cambridge, MA.

Van Orman Quine, Willard 1981, Theories and Things, Cambridge.

Vasquez, John A. 1983, The Power of Power Politics: A Critique, New Brunswick, NJ.

Vasquez, John A. 1997, The Realist Paradigm and Degenerative vs. Progressive Research Programs: An Appraisal of Neotraditional Research on Waltz´s Balancing Propositions, in: American Political Science Review 91 (4): 899-912.

Vasquez, John A. 1999, The Power of Power Politics: From Classical Realism to Neotraditionalism, Cambridge.

Vasquez, John A. 2003, The New Debate On Balancing Power: A Reply To My Critics, in: John A. Vasquez/Colin Elman (Hrsg.): Realism and the Balancing of Power: A New Debate, Upper Saddle River, NJ, 87-113.

Wallerstein, Immanuel 1979, The Capitalist World Economy, New York, NY.

Walt, Stephen 2005, Taming American Power: The Global Response to U.S. Primacy, New York, NY.

Walt, Stephen 2009, Realism on the Rack, in: http://walt.foreignpolicy.com/posts/2009/01/13/realism_on_the_rack; 24.4.2011.

Walt, Stephen M. 1985, Alliance Formation and the Balance of Power, in: International Security 9 (4): 3-43.

Walt, Stephen M. 1987, The Origins of Alliances, Ithaca, NY.

Walt, Stephen M. 1988, Testing Theories of Alliance Formation: The Case of Southwest Asia, in: International Organization 42 (2): 275-316.

Walt, Stephen M. 1997, The Gorbachev Interlude and International Relations Theory, in: Diplomatic History 21 (3): 473-479.

Walt, Stephen M. 1998, International Relations: One World, Many Theories, in: Foreign Policy (110): 29-47.

Waltz, Kenneth N. 1959, Man, the State and War, New York, NY.

Waltz, Kenneth N. 1962, Kant, Liberalism and War, in: American Political Science Review 56 (2): 331-340.

Waltz, Kenneth N. 1964, The Stability of a Bipolar World, in: Daedalus 93 (3): 881- 909.

Waltz, Kenneth N. 1965, Contention and Management in International Relations, in: World Politics XVII (July): 720-744.

Waltz, Kenneth N. 1967a, International Structure, National Force, and the Balance of World Power, in: Journal of International Affairs (215): 215-231.

Waltz, Kenneth N. 1967b, The Politics of Peace, in: International Studies Quarterly 11 (3): 199-211.

Waltz, Kenneth N. 1967c, Foreign Policy and Democratic Politics: The British and American Experience, Boston, MA.

Waltz, Kenneth N. 1971, Conflict in World Politics, in: Steven L. Spiegel/ Kenneth Waltz (Hrsg.): Conflict in World Politics, Cambridge, MA, 454-474.

Waltz, Kenneth N. 1974, America´s European Policy: Viewed in Global Perspective, in: Wolfram Hanrieder (Hrsg.): The United States and Western Europe, Cambridge, MA, 8-36.

Waltz, Kenneth N. 1975, Theory of International Relations, in: Fred Greenstein/Nelson W. Polsby (Hrsg.): International Politics: Handbook of Political Science, Reading, MA, 1-86.

Waltz, Kenneth N. 1979, Theory of International Politics, Reading, MA.

Waltz, Kenneth N. 1981, The Spread of Nuclear Weapons: More May Be Better, London.

Waltz, Kenneth N. 1982, Letter to the Editor, in: International Organization 36 (3): 679-681.

Waltz, Kenneth N. 1986, Response to my Critics, in: Robert O. Keohane (Hrsg.): Neorealism and its Critics, New York, NY, 330-336.

Waltz, Kenneth N. 1988, The Origins of War in Neorealist Theory, in: Journal of Interdisciplinary History XVIII (4): 615-628.

Waltz, Kenneth N. 1990a, Realist Thought and Neorealist Theory, in: Journal of International Affairs 44 (1): 21-38.

Waltz, Kenneth N. 1990b, Nuclear Myths and Political Realities, in: American Political Science Review 84 (3): 731-745.

Waltz, Kenneth N. 1991, America as a Model for the World? A Foreign Policy Perspective, in: PS (24): 667-670.

Waltz, Kenneth N. 1993a, The New World Order, in: Millennium 22 (2): 187-195.

Waltz, Kenneth N. 1993b, The Emerging Structure of International Politics, in: International Security 18 (2): 44-79.

Waltz, Kenneth N. 1996, International Politics Is Not Foreign Policy, in: Security Studies 6 (1): 54-57.

Waltz, Kenneth N. 1997, Evaluating Theories, in: American Political Science Review 91 (4): 913-918.

Waltz, Kenneth N. 1998a, The Balance of Power and NATO Expansion, Berkley, CA.

Waltz, Kenneth N. 1998b, Interview with Kenneth Waltz: Conducted by Fred Halliday and Justin Rosenberg, in: Review of International Studies 24 (3): 371-386.

Waltz, Kenneth N. 1999, Globalization and Governance, in: Political Science and Politics, 32 (4): 693-700.

Waltz, Kenneth N. 2000a, Structural Realism after the Cold War, in: International Security 25 (1): 5-41.

Waltz, Kenneth N. 2000b, Intimations of Multipolarity, in: Birthe Hansen/ Bertel Heuerlin (Hrsg.): The New World Order: Contrasting Theories, London, 1-17.

Waltz, Kenneth N. 2000c, Globalization and American Power, in: The National Interest 59 (Spring): 46-56.

Waltz, Kenneth N. 2000d, Globalization and American Power, in: The National Interest, (Spring), 46-56.

Waltz, Kenneth N. 2001, Foreword: Man, the State and War, New York, NY.

Waltz, Kenneth N. 2003a, Conversation with History, Berkley, CA.

Waltz, Kenneth N. 2003b, Assaying Theories: Reflections on Imre Lakatos, in: Colin Elman/Miriam Fendius Elman (Hrsg.): Progress in International Relations Theory: Appraising the Field, Cambridge, vii-xii.

Waltz, Kenneth N. 2012, Why Iran Should Get the Bomb: Nuclear Balancing Would Mean Stability, in: Foreign Affairs July/August, 2-5.

Weaver, Ole 1996, The Rise and Fall of the Inter-Paradigm Debate, in: Steven Smith/Ken Booth/Marysia Zalwski (Hrsg.): International Theory: Positivism and Beyond, Cambridge, 149-185.

Weaver, Ole 2011: Waltz's Theory of Theory: A Pictorial Challenge to Mainstream IR, in Ken Booth (Hrsg.): Realism and World Politics, 67-86.

Weber, Max 1992, Politik als Beruf, Erstveröff. 1919, Stuttgart.

Wendt, Alexander 1987, The Agent-Structure Problem in International Relations, in: International Organization 41 (2): 335-370.

Wendt, Alexander 1992, Anarchy is What States Make of It, in: International Organization 42 (2): 391-426.

Wendt, Alexander 1994, Collective Identity Formation and the International State, in: American Political Science Review 88 (2): 384-398.

Wendt, Alexander 1999, Social Theory of International Politics, Cambridge.

Wight, Martin 1966, The Balance of Power, in: Herbert Butterfield/Martin Wight (Hrsg.): Diplomatic Investigations: Essays in the Theory of International Politics, London, 149-175.

Wight, Martin 1973, The Balance of Power and International Order, in: Allan James (Hrsg.): The Bases of International Order: Essays in honour of C.A.W. Manning, London, 85-115.

Williams, Michael C. 2007, Introduction, in: Michael C. Williams (Hrsg.): Realism Reconsidered: The Legacy of Hans Morgenthau in International Relations, 1-17.

Wohlforth, William C. 1994/95, Realism and the End of the Cold War, in: International Security 19 (3): 91-129.

Wohlforth, William C. 1999, The Stability of a Unipolar World, in: International Security 24 (1): 5-41.

Wohlforth, William C. 2003, Measuring Power and the Power of Theories, in: John A. Vasquez/Colin Elman (Hrsg.): Realism and the Balance of Power: A New Debate, Upper Saddle River, NJ, 250-265.

Wohlforth, William C./Little, Richard/Kaufman, Stuart J./Kang, David/Jones, Charles A./Tin-Bor Hui, Victoria/Eckstein, Arthur/Deudney, Daniel/Brenner, William L. 2007, Testing Balance-of-Power Theory in World History, in: European Journal of International Relations 13 (2): 155-185.

Wolf, Reinhard 2000, Was hält siegreiche Verbündete zusammen? Machtpolitische, institutionelle und innenpolitische Faktoren im Vergleich, in: Zeitschrift für Internationale Beziehungen 7 (1): 33-78.

Yee, Herbert/Storey, Ian (Hrsg.) 2002, The China Threat: Perceptions, Myths and Reality, London.

Young, Oran R. 1972, The Actors in World Politics, in: James N. Rosenau/Mark A. East (Hrsg.): The Analysis of International Politics, New York, NY, 124-144.

Zakaria, Fareed 1992, Realism and Domestic Politics: A Review Essay, in: International Security 19 (1): 177-198.

Zakaria, Fareed 1992/1993, Is Realism Finished?, in: The National Interest 30 (1): 21-32.

Zangl, Bernhard 1999, Interessen auf zwei Ebenen. Internationale Regime in der Agrarhandels-, Währungs-und Walfangpolitik, Baden-Baden.

Zangl, Bernhard/Zürn, Michael 2003, Frieden und Krieg, Frankfurt.

Zelikow, Philip 1996, The Masque of Institutions, in: Survival 38 (1): 6-18.

Zürn, Michael 1998, Regieren jenseits des Nationalstaates. Denationalisierung und Globalisierung als Chance, Frankfurt.

Zeitfracht Medien GmbH
Ferdinand-Jühlke-Straße 7
99095 Erfurt, Deutschland
produktsicherheit@kolibri360.de